Les Rosiers

Robert FRITSCH

EDITIONS **S.A.E.P.** INGERSHEIM 68000 COLMAR

Pimlico.

Les rosiers ont toujours été à l'honneur en France et depuis Charlemagne ou son fils Louis le Pieux qui les recommandait dans le Capitulaire de 795 pour être cultivés dans les domaines royaux, leur intérêt n'a fait que croître en horticulture. Au XIIIe siècle tout un poème leur fut consacré dans le Roman de la Rose de Guillaume de Lorris, qui situe l'action en un verger enclos de rosiers : "Sachez que quand j'en approchai, l'odeur suave des broussailles me pénétra jusqu'aux entrailles, et j'en étais comme embaumé".

Ces roses parfumées n'étaient pas encore remontantes, mais leurs fleurs aux nombreux pétales, issues de la rose de Provins, les classaient déjà comme les reines des fleurs. Un charmant peintre de Colmar, Martin Schöngauer, les figure à l'état double près de sa Vierge au buisson de roses, dès l'année 1473. Un siècle plus tard, les premiers botanistes-écrivains nous détaillent ces roses avec complaisance : Dalé-champs, de Lyon, en cite plusieurs dans son Histoire des Plantes de 1586, dont un églantier jaune introduit de l'Asie Mineure. Charles de l'Ecluse, d'Arras, en nomme d'autres venues de Turquie. Les premières collections se montent ainsi dans les jardins, et lorsque entre 1817 et 1824, Joseph Redouté, le peintre de Joséphine, s'exerce à reproduire toutes ces variétés, il peut en aligner jusqu'à 180 sortes aux formes et coloris variés.

Cette passion des roses va se décupler à partir de 1850, où la plupart de nos roses actuelles vont naître par croisements successifs et apports d'espèces principalement issues de l'Asie. Plus de 20 000 variétés pourraient ainsi orner nos jardins et nous n'avons que l'embarras du choix pour satisfaire cette passion.

Il reste que l'horticulture a fait des progrès parallèles, et cultiver des roses de nos jours est devenu un art et une compétence où il faut un minimum d'initiation. Ce petit livre va vous aider à prendre connaissance des soins élémentaires à donner aux roses, en vous exposant, avec leur histoire, quelques-uns des secrets en vue de la réussite de leur culture.

OU EMPLOYER VOS ROSIERS ?

Les rosiers cités dans ce livre, et beaucoup d'autres, sont tellement divers de formes, de feuilles et de couleurs qu'il est possible de les employer à toutes fins, sans compter les cultures spécialisées pour l'industrie du parfum ou la fleur coupée. On peut même en créer un jardin complet qui, lorsqu'il est d'une certaine taille, prend le nom de roseraie.

Il est recommandé aux amateurs de ces fleurs de visiter ces roseraies à l'occasion de leurs déplacements : il en existe en effet qui relèvent du domaine public et sont d'une réputation justifiée, où le visiteur peut trouver mille idées pour l'emploi de ses propres plantes. Citons en France, dans la région parisienne, la parc floral de Vincennes, la parc de Bagatelle au Bois de Boulogne dont la roseraie date de 1905 (8 000 rosiers à voir en juin), la roseraie de Versailles et celle de L'Hay-les-Roses au Val de Marne qui fut surtout développée à partir de 1899 et qui est à ce jour la plus complète de France. En province, Orléans s'enorgueillit d'une vaste roseraie au parc de la Source (200 000 rosiers), et Lyon est riche d'au moins trois collections remarquables dans l'enceinte du parc de la Tête d'Or ; Saverne, dans le Bas-Rhin, possède une roseraie réputée. Mais bien d'autres villes ont leur propre jardin de roses, telles Strasbourg au parc de l'Orangerie, Nancy au parc de la Pépinière, Doué-la-Fontaine dans le Maine et Loire ou Limoges avec sa roseraie fondée en 1980, et Chambéry qui vient d'enrichir la sienne en 1986 de plusieurs milliers de pieds modernes.

Roseraie classique de tracé régulier.

- plates-bandes rectangulaires ou carrées à rosiers nains,
- points noirs = rosiers en pylones,
- points blancs = rosiers-tiges.
- arceaux à rosiers grimpants.

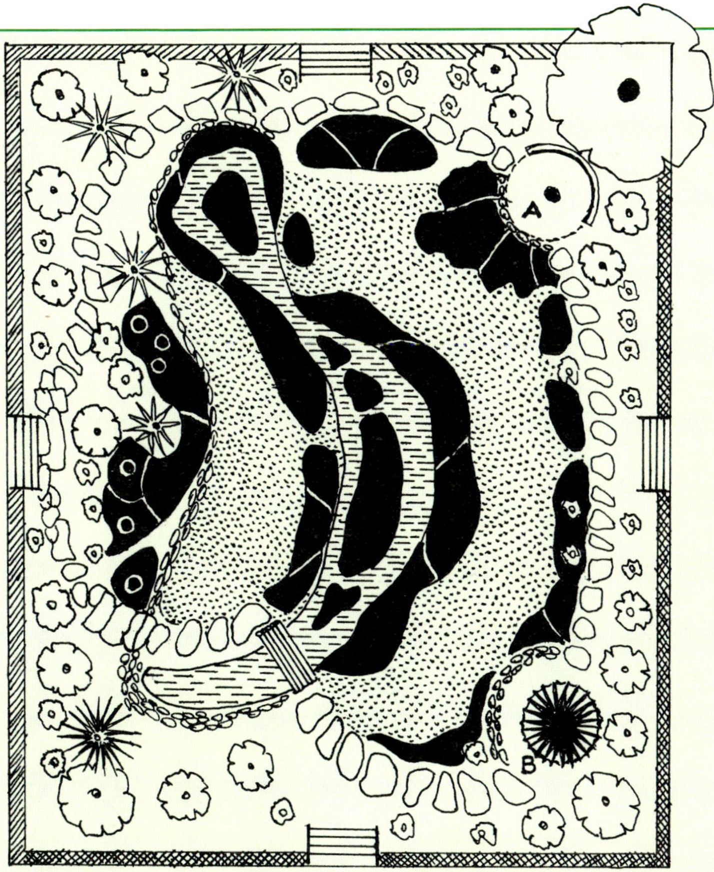

Roseraie de style paysager.

Ce jardin est imaginé en dépression, avec marches d'accès aux quatre côtés. La partie à l'ouest du jardin est en terrasse retenue par des talus empierrés, destinée à être vue depuis A et B.

Chamaecerasus nitida au nord et à l'ouest.

Pyracantha rogersiana à l'est et au sud.

Rosiers plantés en nappes de 1 à 3 m2, s'imbriquant les unes dans les autres.

Pylones de rosiers sarmenteux.

Tapis de Sagine.

Ruisseau en eau ou en galets secs.

Terrasse de séjour et point de vue placé près d'un Saule pleureur.

Abri et point de vue sur la roseraie.

Résineux colorés, arbres et arbustes divers formant l'encadrement du jardin.

Mais, malgré toute la richesse de ces collections, on peut trouver d'autres idées ailleurs. Il manque en effet à toutes les roseraies le décor de l'habitat. Combien de vieilles maisons de village, ou de demeures plus récentes sont rehaussées sur leurs façades de superbes Rosiers grimpants. Certains villages de France se sont même spécialisés dans ce décor, tels Saint-Sorlin dans la pointe sud du département de l'Ain, ou Yvoire sur les rives du Léman.

On obtient ainsi toute une série de références qui, pour finir, nous rendent vraiment inexcusables de ne savoir quoi faire d'un rosier. Il y a cependant une foule de cas précis dont on peut suggérer ceux qui suivent.

SUR VOS PLATES-BANDES

Il faut éviter, autant que possible, le mélange des espèces ou des variétés qui se révèle presque toujours catastrophique. Même sur un simple alignement en bordure de chemin, évitez la diversité pied par pied, mais appliquez-vous à trouver un rythme qui soit plaisant pour l'œil. Mieux vaut une ligne unicolore d'un Rosier plein d'éclat que de vouloir posséder chaque espèce qui fait envie à l'achat. Il suffit de visiter n'importe quelle roseraie pour juger du bel effet de masse, et de l'échec qui vous attendrait s'il n'y avait qu'un pied nain isolé à grosses fleurs par exemple.

Si vraiment il faut un pied solitaire, choisissez les rosiers faits pour cela : vous les trouverez dans la série des rosiers en buissons à grand développement, ou dans les Wichus à dresser en colonne sur un bâti métallique. Quel bel effet rend par exemple la variété Capucine bicolore, qui à elle seule ferait pâlir d'admiration vos visiteurs.

Dans une pelouse ou une plate-bande en bord de chemin, garnissez donc un alignement avec une seule variété naine, quitte à briser une grande longueur en plusieurs tranches de couleurs différentes. On peut aussi marquer chaque rupture de couleur avec un pilier de variété grimpante, ce pilier étant fait d'un bâti cylindrique à 3 ou 4 montants, ou d'une colonne ferme à potence.

Si vous possédez un gazon, l'emploi de Floribundas ou de Polyanthas est souvent d'un meilleur effet sur une plate-bande taillée dans ce tapis vert. Si vous préférez les grosses fleurs, choisissez des variétés très florifères dont l'effet de couverture soit certain.

Sur un parterre assez large et suffisamment long, on peut aussi alterner des pieds à grosses fleurs en forme de carrés juxtaposés, à la manière d'un damier, à raison de dix ou douze pieds de même variété par carré. Vous pouvez créer ainsi une véritable roseraie avec deux alignements de carrés, séparés par exemple par un pas japonais (suite de dalles en pierre ou grands carreaux). Il faut veiller dans ce cas à alterner les couleurs d'une manière accusée, en faisant suivre un carré rouge, par exemple, d'un carré jaune clair, puis d'un carré orange, d'un carré blanc, d'un carré rouge différent, etc. Et puis veillez, autant que possible, à une floraison contemporaine et d'une vigueur à peu près égale.

Au lieu des piliers de Wichus, vous pouvez aussi rythmer une longue plate-bande de Rosiers nains (à grosses fleurs ou Polyanthas) avec des Rosiers-tiges qui apportent un relief tout à fait remarquable à ce genre de plantation.

Plan simplifié d'un jardin privé à roseraie.

■ Rosiers-tiges ou pylones.
Rosiers nains.
Pelouse avec fond d'arbres et arbustes.

LES ROSIERS PLEUREURS

Evitez par contre les Rosiers pleureurs sur un massif de Rosiers nains. Ils sont à isoler sur une pelouse où ils apporteront leur maximum d'effet, car ils ne supportent guère le voisinage d'autres rosiers. Leur emploi est d'ailleurs beaucoup trop rare à notre gré. Combien de petites pelouses pourraient faire sensation, avec un superbe Rosier pleureur en leur milieu. J'ai gardé depuis de nombreuses années la nostalgie d'une Albertine qui effeuillait ses pétales finement embaumés sur le gazon verdoyant de mon jardin : un rêve tout à fait éphémère, mais qui, paradoxalement, s'est gravé dans mon cœur.

LES ROSIERS GRIMPANTS

Plusieurs emplois, presque toujours à grand effet, concernent les Rosiers grimpants pour lesquels il ne faudrait jamais se lasser de trouver une situation. Leur effet est pratiquement toujours garanti, même sur la moindre masure.

Président Hoover.

Si l'on possède une villa avec jardin clôturé sur rue, le plus heureux effet de fleurissement et d'accueil peut être fourni par des Rosiers climbing plantés contre la barrière de façade. Leur port largement étalé de part et d'autre de la souche de départ, assure une tranche de couleur suffisante pour pouvoir varier les teintes d'un pied à l'autre. Les rameaux chargés d'épines sont également un moyen fonctionnel de clôture. Ne mélangez pas, dans ce cas, des Rosiers Wichus ou multiflores à petites fleurs en bouquets avec de grosses fleurs : il faut respecter une certaine unité dans une garniture.

Les murs des façades de maison sont également indiqués pour recevoir des Rosiers grimpants, surtout à grosses fleurs ou fleurs moyennes. Que de vieilles demeures voient leur charme rehaussé grâce à une vieille variété bien vigoureuse, Maréchal Niel ou Madame Edouard Herriot, cette dernière si reconnaissable à ses fortes épines. On peut garnir une maison orientée sud sur ses trois façades ensoleillées, de préférence avec des tons chauds. Voici une liste, un peu ancienne (antérieure à 1960) de ces grimpants exigeant le soleil :

Condesa de Sastago

Crimson Glory

Grand-Mère Jenny

Madame Butterfly

Madame Edouard Herriot

Madame Henri Guillot

Madame Pierre S. du Pont

Marcelle Gret

Marie Claire

Michèle Meilland

Mistress Aaron Ward

Fugue

Alfred Carrière

Mermaid

On peut évidemment les remplacer par une foule de variétés plus récentes ou anciennes aussi méritantes.

Quant à la face nord d'une maison, il existe quelques rosiers spéciaux, de préférence à fleurs blanches, qui viennent bien à l'ombre et à la fraîcheur. Pourquoi ne pas les essayer ? Tels sont :

Madame Alfred Carrière
atteint 6 mètres

Albéric Barbier
atteint 4,50 mètres

Certaines villas anciennes, ayant une entrée à double volée d'escaliers, virent aussi des Rosiers grimpants enlacer les barreaux de leur montée. Il s'agit là d'un décor améliorant l'entrée, mais sans doute à déconseiller s'il y a présence d'enfants. Balcons et grilles se prêtent en tout cas à de pareilles garnitures.

Un autre usage de Rosiers grimpants est la décoration de pylônes et de pergolas, de tonnelles ou d'arceaux. Les pylônes ou piliers forment des colonnes isolées dont le bâti peut être composé d'une simple poutre dressée achevée en T

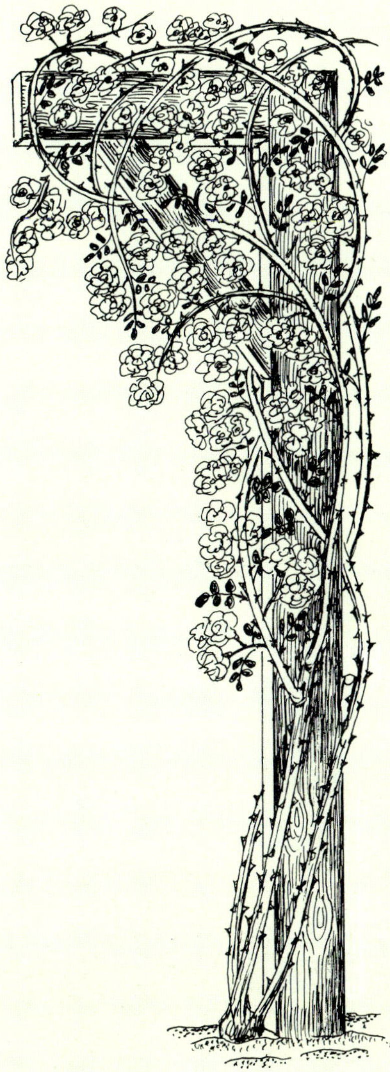

Rosier remontant à grosses fleurs sur potence.

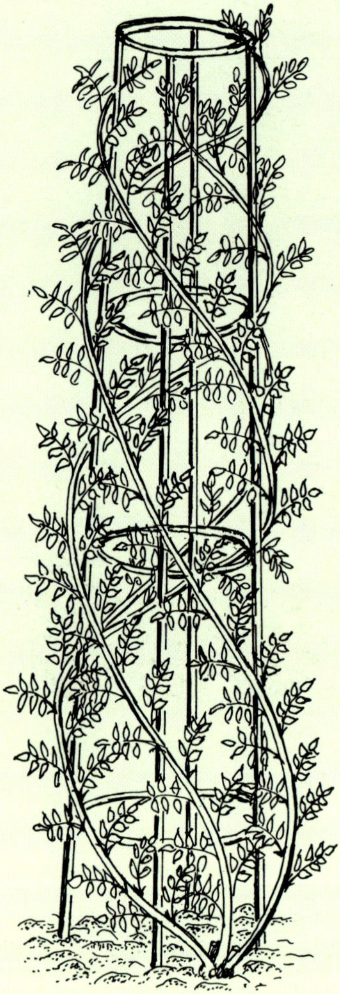

Rosier Wichuraiana ou multiflore sur pylone.

ou en potence de lanterne, ou en colonne de pierres jointoyées, ou simplement de quelques tiges métalliques reliées par des anneaux.

Les pergolas sont des bâtis plus élaborés, formés d'une série de colonnes reliées par leurs sommets à l'aide de poutres transversales. On peut les concevoir comme une simple ligne de colonnes ou une certaine surface rectangulaire formant salle d'ombrage. Les colonnes peuvent être en bois, en pierre ou en quelque autre matériau solide : ciment, fer en I ou plastique dur. Les montants en fer ont l'inconvénient de rouiller, et d'exiger un revêtement périodique de peinture.

On peut aussi relier une série de piliers isolés, distants d'environ 5 mètres, par des guirlandes de roses suspendues en grands festons. Une large allée ornée de chaque côté d'une telle suite peut former un ensemble de grande allure. Les variétés de roses conseillées pour ce décor peuvent se choisir parmi les Rosiers grimpants remontants à petites ou moyennes fleurs, telles :

Climbing Goldilocks
fleur jaune - hauteur : 2,50 m.

Climbing Joseph Guy
fleur rouge - hauteur : 2,50 m.

Cocktail
fleur rouge et blanc - hauteur : 2 m.

Danse du feu
fleur rouge - hauteur : 2,40 m.

Portiques pour rosiers grimpants.

ou mieux encore chez les bonnes vieilles variétés non remontantes à petites fleurs, telles :

Dorothy Perkins
fleur rose - hauteur : 5,50 m.

Excelsa
fleur rouge - hauteur : 5 m.

Albertine
fleur blanc chamoisé - hauteur : 4,50 m.

Lady Godiva
fleur rose pâle - hauteur : 5 m.

White Dorothy Perkins
fleur blanche - hauteur : 3 à 4 m.

Les engrais chimiques

Chlorure de potassium : engrais chimique se présentant sous forme de sel blanc très soluble dans l'eau, à 60 % de potasse pure K2O, l'élément secondaire étant le chlore. Convient en tous terrains et s'applique à l'automne, lors d'un bêchage (enterré). Ne l'utiliser qu'avec des plants déjà bien adaptés au sol. Effet rapide. Rôle important dans la photosynthèse des plantes. Intensifie la couleur des fleurs, accroît la résistance des plantes aux parasites et aux maladies, et fortifie les tissus.

Nitrate de potasse : engrais double comprenant 13 % d'azote et 44 % de potasse (KNO), se présentant sous forme de sel blanc, hygroscopique (à conserver à l'abri de l'humidité). Cet engrais se fabrique par double décomposition entre le nitrate de soude du Chili et le chlorure de potassium ; il s'en forme toujours dans les mélanges d'engrais. Il produit avec le calcaire du sol du nitrate de chaux et du carbonate de potasse. Son prix assez élevé le recommande pour les seules cultures spécialisées. C'est un engrais de fond, à mélanger à la terre lors du bêchage et des labours de préparation pour une mise en place de rosiers, car la potasse diffuse très lentement.

Nitrate de soude : le nitrate de soude est le plus ancien des engrais azotés. On le trouve au Chili à l'état naturel, où il forme des couches plus ou moins épaisses, mélangé à d'autres sels. On le purifie par dissolutions succesives. Il contient 16 % d'azote nitrique, 26 % de sodium associé à des oligo-éléments tels que la bore et l'iode. Il se présente sous forme de granulés blancs ou quelquefois de cristaux blancs. Son effet est très rapide comme chez tous les nitrates. Cependant la présence de sodium amène à ne pas le conseiller dans les terres lourdes (argileuses) qui ont tendance à se glacer.

Scories : sous-produit de la sidérurgie, utilisé comme engrais phosphoré. Les scories contiennent 16 à 20 % de phosphore, 50 % de chaux et d'oligo-éléments (surtout cobalt et chrome). Leur vitesse d'action est moyennement rapide. Vue leur teneur en chaux, elles conviennent pour améliorer les sols acides. On les incorpore lors d'un bêchage d'automne, à raison de 2 à 3 poignées au mètre carré.

Sulfate d'ammoniaque : engrais azoté se présentant en général sous forme de petits cristaux blancs ou gris. Il ne réagit pas à l'air, de sorte qu'on peut le conserver en vrac ou sacs de jute. Il est constitué de 20,6 à 21 % d'azote ammoniacal et 24 % de soufre. C'est un engrais d'automne et de printemps, très soluble dans l'eau. Il se mélange bien avec le superphosphate et le chlorure de potassium. L'ammoniaque est retenue par le pouvoir absorbant du complexe argilo-humique.

Superphosphates : ce sont des engrais phosphatés qu'on peut subdiviser en superphosphates ordinaires ou normaux (16 à 24 % de P2O5), en superphosphates enrichis (25 à 32 % de P2O5) et en superphosphates concentrés (45 à 48 % de P2O5). Ils se présentent sous forme de poudre blanc grisâtre ou de granulés solubles dans l'eau et dans le citrate d'ammoniaque et comptent parmi les engrais phosphatés le plus rapidement utilisables par les plantes.

LE SOL POUR ROSIERS

Si l'on veut réussir parfaitement une culture de rosiers, et principalement si l'on aime cultiver ce genre de fleurs en les employant en nombre, il faut tenir compte de leurs exigences et en premier lieu des qualités du sol.

Trois critères sont à considérer à ce sujet : le degré d'acidité ou d'alcalinité, la structure physique du sol et sa richesse en matières organiques. Examinons successivement ces trois points :

LE DEGRE D'ACIDITE DU SOL

Un rosier, surtout à grosses fleurs, est ordinairement greffé sur une racine différente appartenant à un Eglantier ou une espèce sauvage. Ce principe est appliqué en raison de la fragilité des variétés modernes et de la vigueur beaucoup plus rustique des racines d'Eglantiers. Ces racines, ou porte-greffes, préfèrent les terrains calcaires si elles appartiennent à notre Eglantier de France Rosa canina ; elles préfèrent au contraire un terrain acide si elles relèvent de rosiers exotiques comme Rosa polyantha ou Rosa multiflora : ces dernières, plantées en sol calcaire, supportent mal ce terrain et feront jaunir le rosier.

La valeur d'un sol en acidité ou alcalinité, la première évaluée par les chiffres 1 à 7, la seconde par 7 à 14, peut se mesurer à l'aide de réactifs chimiques vendus par certains établissements (Progyl ; magasin de matériel chimique et physique ; etc.). Il suffit, dans certaines méthodes, de diluer dans un verre d'eau un peu de la terre à analyser : on laisse décanter, puis l'on verse une ou deux gouttes sur le papier sensible vendu à cet effet ; la couleur que prend alors le papier, comparée à une gamme préétablie, indiquera suffisamment la valeur de la terre en question : terre très acide, légèrement acide, neutre (chiffre 7), légèrement alcaline ou très alcaline. On peut aussi faire examiner la terre par un laboratoire d'analyse des sol en lui fournissant un échantillon prélevé au niveau du système racinaire (à une dizaine de centimètres de profondeur).

Connaissant la valeur acide ou pH du sol, deux solutions restent alors à employer pour la plantation des rosiers. Ou bien, si le sol est acide, on fait appel à des porte-greffes acidophiles. Mais si l'on désire les deux sortes de rosiers, il vaut mieux corriger le sol en fonction des porte-greffes, fournir un sol argilo-calcaire aux Canina, un sol acide ou acidifié à la tourbe ou au terreau aux porte-greffes de Polyanthas et Multiflores. L'inconvénient de cette sélection est l'ignorance dans laquelle sont souvent vendus les rosiers, la nature du porte-greffe n'étant guère portée sur leurs fiches d'identité. Et pourtant, une collection importante ou de grands massifs à une seule variété devraient tenir compte de cette exigence.

En fait, un sol plus ou moins neutre peut convenir à la plupart des rosiers.

***Acide** : nature d'un sol où la proportion des ions d'Hydrogène (pH) libres dans le milieu réagit sur certains produits chimiques (trousse à pH) en colorant par exemple en rouge le papier de Tournesol, ou en d'autres teintes certains réactifs. On peut donc estimer cette acidité en testant la terre à l'aide de ces réactifs. Certains porte-greffe de rosiers, comme Rosa polyantha ou Rosa multiflora, ne sont à l'aise qu'en milieu acide, tandis que d'autres, comme notre églantier de France Rosa canina, supportent le calcaire et les milieux alcalins.*

***Acidophile** : qui aime le milieu acide.*

***Alcalin** : c'est la réaction contraire de l'acide, à pression d'hydrogène faible. Dans l'échelle des réactifs, on la chiffre entre 7 et 14. Elle bleuit le papier de Tournesol. Les sols argilo-calcaires ou à base de calcium relèvent de ce type et conviennent surtout aux rosiers greffés sur Rosa canina.*

LA STRUCTURE PHYSIQUE DU SOL

Plus importante est la structure physique du sol, c'est-à-dire son degré de compacité et de porosité. La nature des sols étant très variée en France ou même dans une seule région, il convient de les examiner à tour de rôle. On peut les classer en quatre grandes catégories : les sols argileux, calcaires, sablonneux et tourbeux.

Les sols argileux sont lourds et peu aérés. Leur texture souvent très fine empêche l'air et l'eau d'y circuler à l'aise. Lors des pluies, surtout l'hiver, ils sont vite innondés et deviennent froids et collants au printemps. L'humus s'y forme très mal car il manque de l'oxygène indispensable pour se former. En été, par contre, ces sols se dessèchent très vite et se craquèlent. On peut les améliorer en les chaulant (trois ou quatre poignées de chaux éteinte enfouie par mètre carré), mais cette pratique ne fait que renforcer l'alcalinité et se révèle nocive pour certaines catégories de rosiers. Mieux vaut incorporer du plâtre (1,5 kg par mètre carré) qui évite cet inconvénient. Un bon moyen pour alléger la compacité est d'apporter du compost ou du fumier pailleux, ou, à défaut, de la tourbe ou du sable grossier. Cet allègement permettra à l'air et à l'eau de mieux pénétrer dans le sol et d'accéder aux racines en leur apportant l'oxygène et les éléments nutritifs nécessaires.

Les sols calcaires qui règnent dans les pays aux roches jurassiques ou crétacées, sont souvent pauvres en éléments nourriciers. Il faut y remédier périodiquement en incorporant du fumier ou des matières organiques (compost, humus, terreau de feuilles, etc.) au sol. L'excès de calcaire se traduit en effet chez le rosier par un jaunissement du feuillage (chlorose ferrique). On peut lutter contre cette apparition en administrant aux rosiers un composé ferreux (chelate de fer), ou du terreau acide à base de terre de bruyère ou de sapinette.

Les sols sablonneux, qui sévissent dans les landes, les pays à sol granitique ou gréseux, ou dans certains dépôts d'alluvions ou de couches géologiques, sont à l'opposé des sols argileux. Leurs particules grossières ne s'agglomèrent pas et rendent leur texture trop poreuse. L'eau les traverse alors rapidement et les laisse fréquemment desséchés, surtout en été. Il faut parer à cet inconvénient majeur en donnant du corps aux sols de cette nature : du fumier très gras (de vache ou de porc), bien décomposé, serait l'idéal, mais la difficulté pour le trouver de nos jours doit faire appel à d'autres solutions. Un compost entretenu régulièrement par toutes sortes de déchets organiques (tontes des gazons, feuilles mortes, déchets de cuisine, désherbage de jardin, etc.) peut pallier à cette carence. On pourrait aussi fabriquer directement du fumier artificiel en se procurant de la paille qu'on superpose par lits de 15 cm d'épaisseur, séparés par une couche de nitrate de chaux (deux poignées par mètre carré), le tout arrosé copieusement et bien tassé. L'utilisation d'un tel fumier est possible au bout de six mois. Les meules des champignonnières ou les vieilles couches des jardiniers, parfois proposées à la vente, sont aussi utilisables à condition de ne pas être trop chargées en chaux, auquel cas il vaut mieux les refuser aux rosiers.

Les sols tourbeux, s'ils sont en place dans une cuvette naturelle, sont parfois trempés d'eau et ne conviennent pas dans ce cas aux rosiers. Leur eau asphyxierait les racines. De plus, ils sont très acides. Il faut donc les corriger, soit en les drainant correctement, soit en y ajoutant un peu de chaux éteinte en poudre à raison de 60 grammes pour 1 mètre carré. Une bonne terre franche peut aussi convenir pour leur amélioration.

L'amendement de tous ces sols permet d'obtenir une structure convenable pour les rosiers. Beaucoup d'entre eux, en effet, greffés sur Rosa canina, laxa ou rubiginosa ont des racines pivotantes et réclament un sol meuble ou poreux en profondeur.

Westerland.

Les engrais organiques

Corne broyée : engrais organique d'origine animale apportant surtout de l'azote (13,5 % de concentration courante). A effet lent, on incorpore la corne broyée dans le mélange de terreau à raison de 4 à 5 kg. par m3 de terre. Ce terreau peut s'employer lors de la mise en place des rosiers.

Guano : engrais azoté organique constitué par les déjections des oiseaux de mer. Ces déjections s'accumulent sur les zones de nidification, en particuler sur certaines îles au large du Chili qui les récolte et les commercialise sous le nom de guano. C'est un engrais peu homogène et très fort, qu'il faut manipuler avec prudence, en le diluant par exemple et en le répandant modérément, mêlé à du sable ou de l'humus. Il existe aussi du guano de poisson, sous-produit des pêcheries constitué des déchets de poissons, comportant près de 8 % d'azote et 4 % de phosphore.

Hormone : substance élaborée par les êtres vivants (animaux ou végétaux) ou fabriquée par synthèse en usine, et agissant directement sur le fonctionnement physiologique des plantes. En horticulture, on utilise en particulier les hormones pour stimuler l'apparition et la croissance des racines sur les boutures. Les hormones commerciales se présentent sous trois formes : soit comme une poudre blanche dans laquelle on trempe la base de la bouture, soit sous forme de granulés à dissoudre dans l'eau d'arrosage, soit sous forme liquide ou pâteuse dans laquelle on trempe la base des boutures.

Poudre d'os : la poudre d'os, d'origine organique, procure surtout de l'acide phosphorique et de la potasse. C'est un engrais à action lente et progressive, à mêler à la terre en automne. Il est prudent de ne l'acheter que stérilisée, car à l'état frais elle peut transmettre des germes de maladie à l'homme, comme l'anthrax et la salmonellose. Se munir de gants quand on la manipule.

LA RICHESSE EN MATIERES ORGANIQUES

Quel que soit le sol, il faut, en plus des amendements précités qui ne font que corriger la texture (plâtre, sable, tourbe, etc.), assurer aux futurs plants des éléments fertilisants. Les rosiers, une fois plantés, vont rester en place une dizaine d'années : il leur faut une fumure de fond durable. Cette fumure est à base d'éléments organiques ou chimiques très divers, qu'on peut classer en deux catégories : les engrais rapides et les engrais lents.

Les engrais chimiques, par exemple, ont l'avantage d'être dosés de façon rationnelle et équilibrée, mais il ne faut pas oublier qu'ils sont dissous rapidement et consommés en peu de temps. Pour une fumure durable intégrée, il vaut mieux faire appel aux engrais organiques, dont certains sont à action lente ou très lente et peuvent être efficaces en longue durée : la corne broyée ou la poudre d'os sont dans ce cas.

Pour que la fumure soit efficace, il faut aussi procéder correctement à l'ameublissement du sol, avant une plantation. Un sous-solage paraît utile dans ce cas, c'est-à-dire le bêchage en profondeur. On opère pour cela en bêchant sur deux fers de bêche en profondeur, mais il faut éviter de remonter en surface la couche profonde, car elle est stérile à l'égard des racines et ne saurait que se rendre inutile autour des racines du rosier. Il faut donc la retourner à son propre niveau, au fond du sol, en décalant d'une ligne les deux couches de bêchage.

Il est courant d'enterrer du fumier au fond de la jauge, mais cela n'est pas certain qu'une telle opération, trop profonde, puisse servir à nourrir de jeunes rosiers : il se passera plusieurs années avant que les racines atteignent ce fond, et le fumier ne sera plus guère en état de nourrir la plante à ce moment-là. Il vaut donc mieux relever le niveau d'enterrement du fumier, et le déposer autour des racines ou juste sous elles, en le séparant par une légère pellicule de terre franche. Les racines, en croissant, pourront ainsi puiser rapidement une bonne fumure.

Placez donc du fumier aux trois quarts décomposé, ou bien de la corne, ou de la poudre d'os, ou du guano mûri sans trop de fermentation à 15 cm des racines, et séparez-les par un peu de terre des racines trop sensibles de vos replants.

Quant aux engrais chimiques complets ou non, à base d'azote, de phosphore et de potasse, ou ne contenant qu'un ou deux de ces éléments, soit le sulfate d'ammoniaque, le nitrate de soude, le nitrate de potasse, les scories, le chlorure de potassium, les superphosphates, etc., il vaut mieux attendre un temps pendant lequel les racines se seront adaptées au sol. Elles pourront alors puiser leur dissolution au lieu de la trouver enfouie avec l'eau de percolation du sol.

New-Year.

Veillez, en conclusion, à ce que votre fumure soit saine et bien adaptée, c'est-à-dire organique et bien décomposée, non sujette à prolifération par l'intermédiaire de champignons sous-terrains qui s'attaqueraient, à la longue, aux racines.

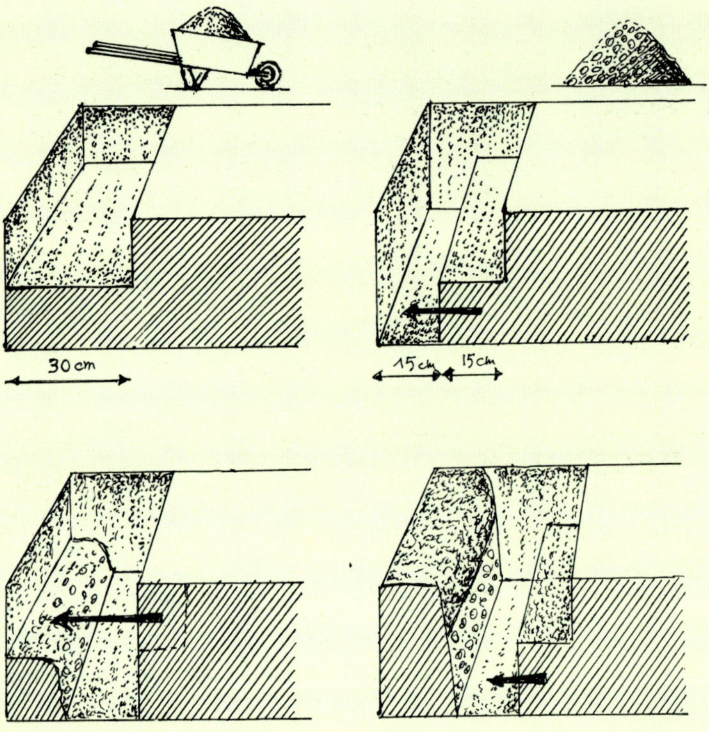

Ameublissement du sous-sol pour les rosiers.

1 - on évacue d'abord la bonne terre sur une bande de 30 cm de largeur,

2 - puis l'on creuse le sous-sol en évacuant la première tranchée sur 15 cm de largeur, la deuxième tranchée est placée dans le vide laissé par la première,

3 - le bon sol de surface est reporté sur le sous-sol déjà ameubli,

4 - puis l'on continue avec le creusement du sous-sol, toujours déplacé dans le fond.

COMMENT PLANTER VOS ROSIERS ?

ACHAT

Les rosiers sont vendus de nos jours soit en pots de matière plastique ou conteneurs, soit à racines nues tirés de la jauge chez le pépiniériste ou présentés sous emballage de polyéthylène avec un peu de tourbe ou de mousse autour des racines.

Les rosiers en conteneurs peuvent être plantés en toutes saisons, mais obligent à un arrosage suivi pour la reprise.

Ceux à racine nue, moins chers et plus faciles à la reprise, s'achètent et se plantent de novembre à fin mars, sauf pendant les périodes où le sol est gelé ou trop mouillé.

RECEPTION

A la réception de vos rosiers, contrôlez leur bon état de santé. Ils peuvent avoir souffert du gel pendant leur transport, surtout s'ils sont commandés par la poste ou s'ils ont voyagé par la route en grande quantité. Si vous les recevez en emballage par une température inférieure à -5° ou -6° C, ne les déballez pas immédiatement : laissez-les s'acclimater en les plaçant dans une cave ou un local frais. S'ils sont gelés à mort, il faut le signaler à votre fournisseur qui, ordinairement, vous les remplacera si les torts sont de son côté. Les bureaux de transport portent aussi parfois la responsabilité.

Ils peuvent encore, et cela est fréquent chez les marchands de ville qui les exposent sur le trottoir, avoir subi le dessèchement. On le remarque plus ou moins à leur aspect ridé. Ce dessèchement n'est pas forcément condamnable. La plupart du temps, il suffit de placer ces rosiers en jauge pour les revigorer.

Si vous recevez les plants lorsque le terrain est gelé ou enneigé (surtout en montagne, alors qu'en plaine il n'y a pas eu de gel ou de neige), ou lorsqu'en plaine le sol est détrempé par de fortes pluies, ne cherchez pas à planter vos rosiers. Recouvrez leurs racines de terre ou de paille dans un garage ou une remise, en maintenant cette jauge au frais, et attendez que le sol soit favorable pour leur mise en place.

PREPARATION DES PLANTS

Si vos rosiers sont achetés sous emballage, défaites ce dernier avec précaution. Supprimez au sécateur l'une ou l'autre branche si elles ont été abîmées ou brisées. Si les racines sont longues, raccourcissez-les jusqu'à 25 cm, à l'aide du sécateur et en taille bien franche.

Si la terre de la région n'est pas très saine, prévenez les maladies en plongeant les racines dans une solution très étendue d'un fongicide pour rosiers.

Au moment de la mise en place, pralinez vos replants surtout s'ils sont en nombre. Cette opération, à l'ancienne mode, toujours valable, consiste à enrober les racines d'un mélange de terre franche et de bouse de vache diluée dans l'eau. On peut la pratiquer dans un grand seau d'eau, ou encore dans une cavité creusée avec quelques coups de bêche dans un coin du jardin. La bouse de vache, grâce aux propriétés chimiques de l'urine, possède des principes activateurs favorisant la reprise des racines. Aujourd'hui cette matière quasi introuvable peut se remplacer par des substances qu'on se procure dans le commerce (Rootone, Germacol, etc.) : il s'agit d'hormones dont l'effet est égal ou supérieur à celui de la bouse.

On peut aussi mêler au pralin un produit chimique répulsif pour les vers blancs. L'hexachlorohexane ou H.C.H. est communément utilisé, à raison d'1gramme pour 10 litres d'eau.

Le fongicide conseillé plus haut, soit du permanganate ou sulfate neutre d'oxyquinoléine, peut s'y ajouter également avec 1 gramme de produit.

On obtient ainsi une préparation idéale au niveau de la protection des racines.

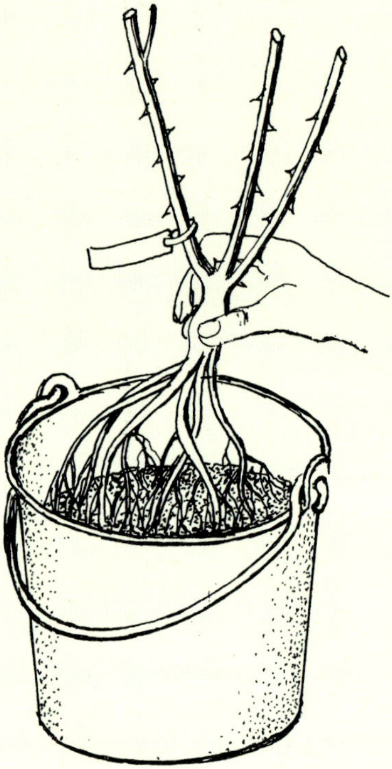

Pralinage dans un mélange terreux.

PLANTATION

La plantation proprement dite se fait de la manière suivante pour les Rosiers nains, buissons ou polyanthas. On creuse un trou rond de 30 cm de diamètre et environ autant de profondeur. On ameublit le sol au fond de ce trou en y incorporant le fumier préconisé pour les rosiers. On recouvre cette fumure d'une couche légère de terre franche, un peu bombée au centre, sur laquelle on étale les racines en essayant de les répartir au mieux dans toutes les directions. Il faut veiller à ce que le niveau de la greffe ou collet, qui se traduit ordinairement par un bourrelet, soit au ras du sol (ou enterré d'environ 3 cm), quitte à s'aider en plaçant une longue baguette au travers du trou. Cette greffe ne doit en effet ni être trop enterrée en noyant le bas des branches dans la terre, ni être en l'air où elle se dessécherait ou gèlerait. On ferme ensuite le trou en veillant à faire pénétrer la terre entre les racines, en la tassant bien en fin de remplissage. On arrose abondamment le rosier planté (10 à 12 litres d'eau) en ménageant une cuvette autour du collet. On peut ensuite butter le pied en relevant la terre sur le bas des branches, de manière à leur éviter le dessèchement, surtout par temps venté ou trop sec.

Mise en place d'un rosier nain.

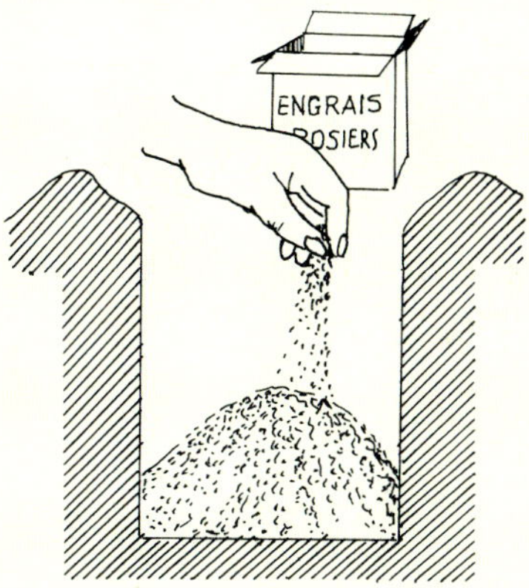

Préparation du trou de plantation (une poignée d'engrais complet est mélangée à la terre).

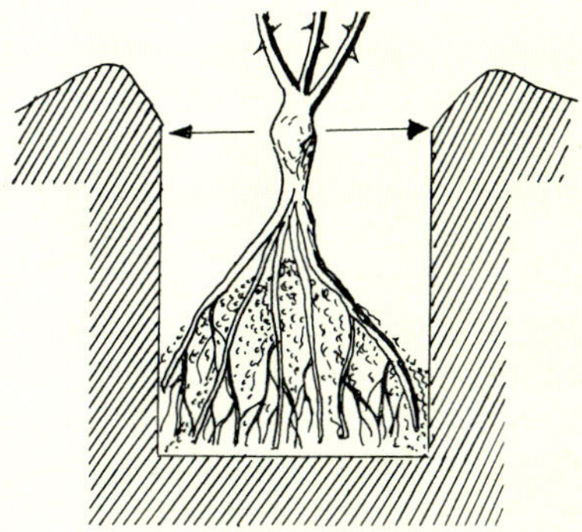

Pose du rosier : greffe au niveau du sol.

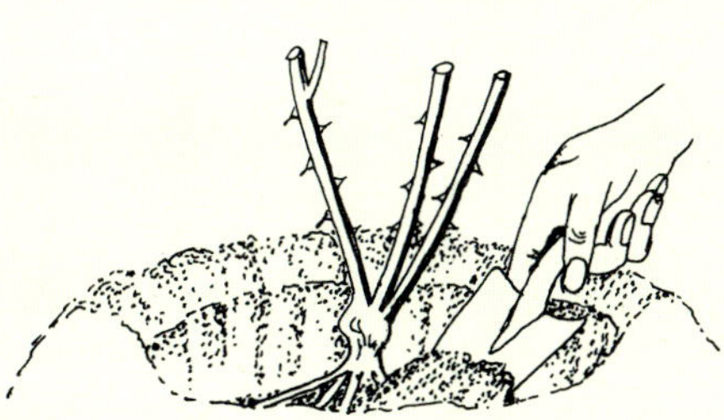

Fermeture du trou.

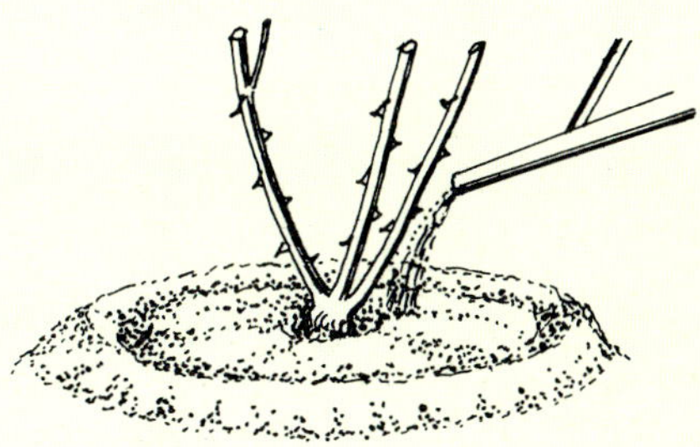

Arrosage abondant.

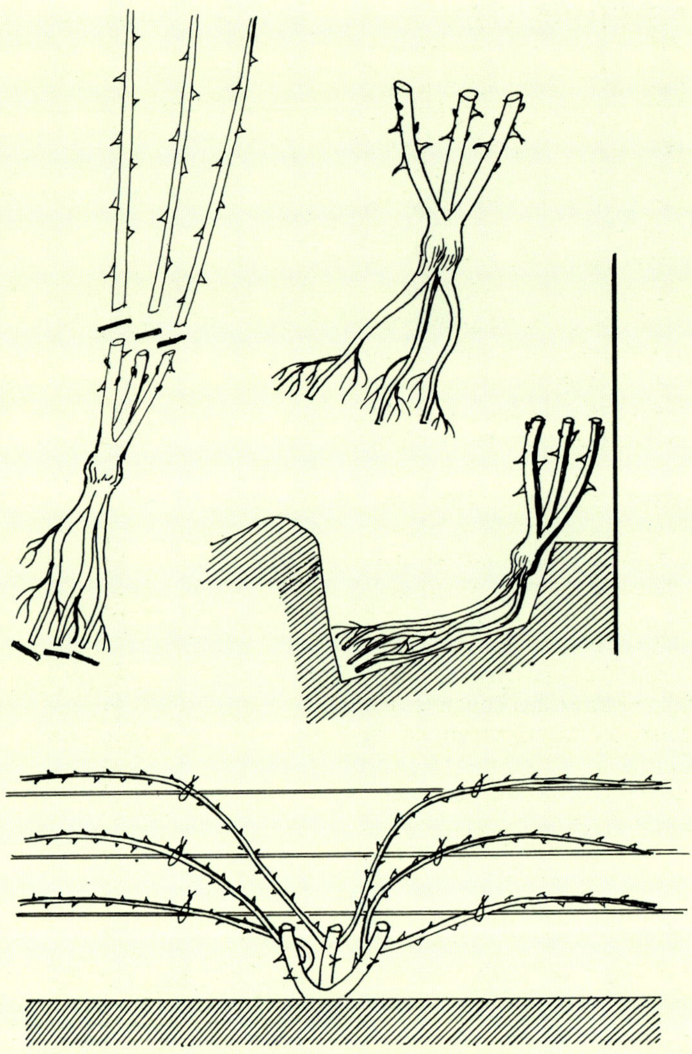

Les rosiers de type Wichura ou dérivés (Dorothy Perkins, Excelsa).

1 - Plant prêt à être planté.

2 - Etaler les racines du côté opposé au mur.

3 - Palisser sur fils.

TUTEURAGE DES ROSIERS-TIGES

Si vous plantez des Rosiers-tiges dans une longue plate-bande de Rosiers nains, mettez-les en place avant ces Rosiers nains. Il faudra les tuteurer, en enfonçant le tuteur au fond du trou ouvert avant d'y placer le rosier. Si le vent souffle parfois violemment d'un même côté, placez les tuteurs face au vent. Enfoncez-les jusqu'à 40 cm de profondeur depuis la surface du sol. Préférez les tuteurs en fer rond de 15 mm de diamètre, ceux en bois ayant l'inconvénient de pourrir et d'être trop forts en épaisseur : ils peuvent provoquer l'apparition des pourridiés, champignons s'attaquant aux souches des rosiers qu'ils tuent. Si vous utilisez tout de même le bois, ne le passez pas au goudron ou au carbonyl, de peur d'intoxiquer vos plantes : passez-le au feu, c'est une protection suffisante contre la pourriture.

Ligaturez vos Rosiers-tiges sur deux ou même trois niveaux. On conseille une ligature provisoire à la plantation, car le sol, se tassant, peut la contrarier : un brin d'osier, ou un fil de fer habillé, croisé entre la tige et le tuteur, est tout à fait indiqué. Faites toutes les ligatures à la même hauteur, l'esthétique y gagnera. Au bout de six ou sept semaines, vous pouvez procéder à l'attachage définitif : employez alors des colliers à bague de mousse fournis par le commerce, ou du gros lien souple que vous enroulez en spires multipliées.

Rosier-tige.

Mise en place et taille courte de printemps.

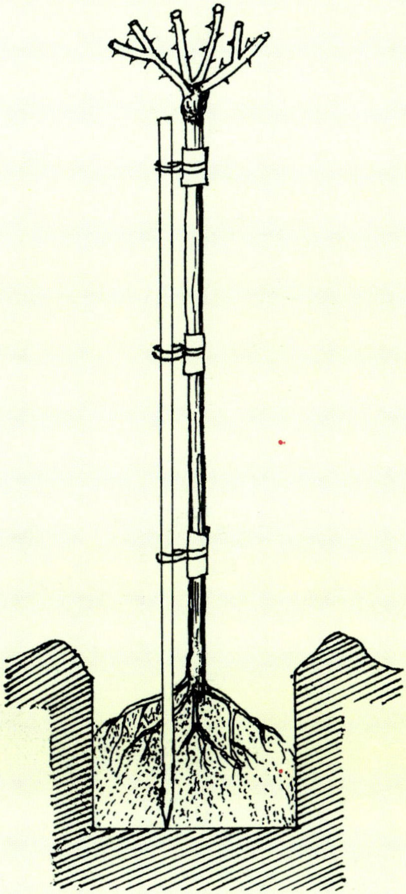

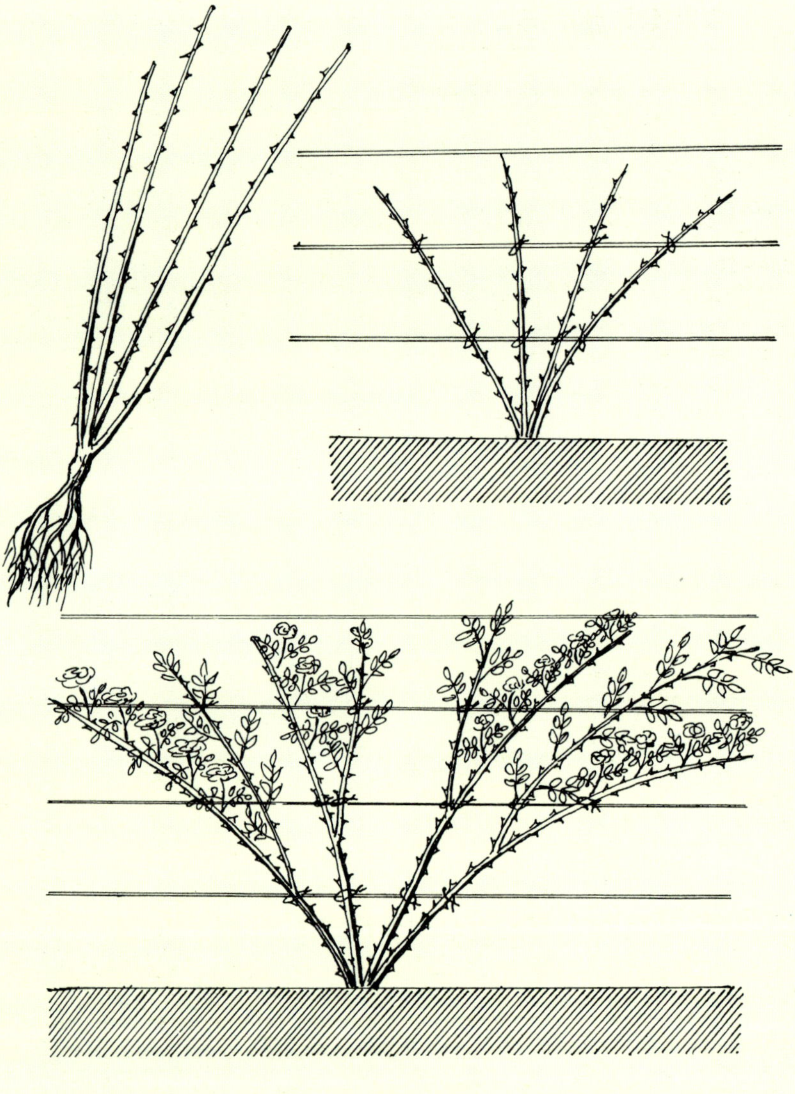

Mise en place des rosiers grimpants à grosses fleurs (Hybrides de Thé et Floribundas).

1 - A l'achat, ne pas tailler les flèches longues.
2 - Planter en novembre ou février en palissant les flèches.
3 - La première année de croissance se forment de nouvelles flèches.

LES ROSIERS GRIMPANTS

Si vous plantez des Rosiers grimpants le long d'un mur, écartez de quelques centimètres le collet de la muraille. Etalez les racines en éventail au fond du trou, dans le sens opposé du mur. Prévoyez avant la plantation le mode de fixation des branches sur le mur : on peut tirer des fils de fer horizontaux écartés d'environ 30 cm, ou installer un treillis de lattes verticales ou croisées. Il faut que ces lattes soient d'un bois résistant, chêne ou pitchpin, de section carrée, de 10 à 12 mm d'épaisseur et revêtues de peinture verte ou blanche. Il ne faut pas les appliquer directement sur le mur, mais les écarter à l'aide de tasseaux d'au moins 5 cm, pour permettre de fixer commodément les nombreuses attaches.

A la plantation les Rosiers sarmenteux ont été vendus avec deux ou plusieurs branches assez longues. Ne gardez pas ces branches dans cet état, elles seront trop fatiguées par la transplantation et ne vous donneront pas une floraison ou une croissance vigoureuses. Il faut les rabattre au sécateur jusqu'à 40 ou 50 cm du sol, et même plus bas si ce sont des Rosiers grimpants à petites fleurs, du moins au printemps. Ils repartiront en donnant de nouveaux jets issus de la souche, beaucoup plus vigoureux que les précédents.

Alain.

LES ROSIERS PLEUREURS

Pour les Rosiers pleureurs, souvent à très haute tige servant de porte-greffe, il faut prévoir un tuteur en rapport avec le plant. Ces tuteurs sont à forte tubulure épointée à la base et coiffés au sommet d'une ombrelle en fer. Il faut planter en premier lieu cette ombrelle, en ayant soin de marquer vers la base du support la hauteur de la tige du rosier, car celui-ci planté en second lieu, ne devra pas dépasser trop la hauteur de l'ombrelle ou lui être trop inférieur. On lie ensuite la tige du rosier comme il est dit pour les Rosiers-tiges. Les branches sarmenteuses du Rosier pleureur doivent également être raccourcies sévèrement à la mise en place, même si ce sacrifice vous coûte, car il repoussera de jeunes sarments beaucoup plus vigoureux que vous répartirez, une fois adultes, sur tout le pourtour de l'ombrelle en les y attachant à l'aide de raphia. Il vaut mieux perdre une année de floraison que de laisser démarrer un rosier à l'état médiocre et affaibli.

Sarmenteux *: caractère des rosiers possédant des branches longues, souples et ligneuses pouvant se palisser sur un support étendu. les rosiers des groupes Wichuraiana et Multiflores sont des rosiers sarmenteux. Le terme sarmenteux est plus correct que le terme grimpant quand il s'agit des rosiers, car cette dernière épithète implique la possession de vrilles, ou de crampons ou de ventouses permettant à la plante de grimper.*

Rosier pleureur

Rosier-tige aux rameaux retombants. Dans ce but, on greffe principalement des rosiers de la série des Wichuraianas, de celle des Multiflores ou des Hybrides des Polyanthas grimpants. La mise en place a lieu en automne et la taille au départ en février-mars.

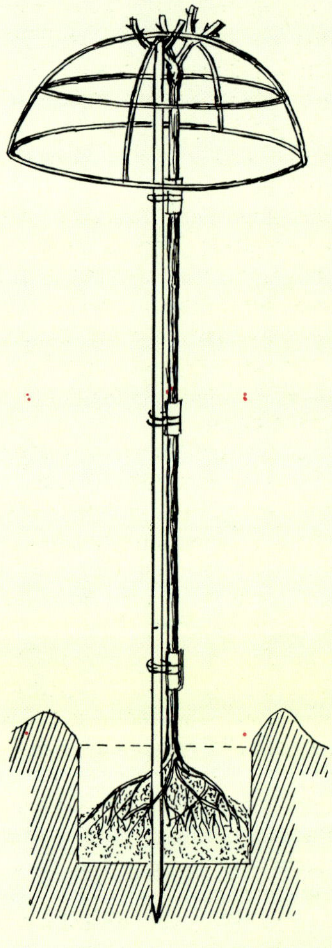

COMMENT TAILLER VOS ROSIERS ?

LES ROSIERS NAINS A GRANDES FLEURS

Si vous plantez vos Rosiers nains à grandes fleurs en novembre-décembre, ce qui est très recommandable car ils auront le temps de s'adapter au sol jusqu'à l'éclosion du printemps, vous ne les taillez pas encore définitivement, mais leur laissez une certaine longueur de rameaux simplement écourtés à l'extrémité, de manière à leur conserver 30 à 40 cm de bois. Cela empêchera les grands froids de nuire à vos plants. Vers la fin février ou début mars, vous procéderez à la taille définitive, en rabattant cette fois les branches assez bas, et en ne laissant que trois ou quatre yeux sur chaque corne. Votre rosier aura alors l'aspect d'une main tendant ses doigts.

C'est sur ces cornes que vont démarrer les branches à fleurs de votre rosier. Certains bourgeons y sont visibles pour guider la taille ; d'autres, un peu plus bas, se devinent à peine : ce sont les yeux latents capables, eux aussi, de s'épanouir pour donner des rejets.

Choisissez, autant que possible, un œil orienté vers l'extérieur de la corne au-dessus duquel vous ferez la coupe au sécateur, et taillez franchement en biais, derrière cet œil, en orientant la pente vers l'intérieur du buisson. Vous obtenez ainsi une meilleure direction des rameaux, s'allongeant en corbeille aérée au centre et non enchevêtrée.

D'une année à l'autre, les Rosiers nains vont s'étoffer, devenir plus vigoureux, plus branchus, plus florifères. Chaque année, fin février ou début mars, il faudra renouveler la taille de la première année, en supprimant toutes les branches assez bas pour retrouver cette forme de main du début. Cependant, dans le cas d'un rosier vigoureux, comme Queen Elizabeth, on pourra tailler plus long les rameaux de base pour freiner la végétation. Dans l'ensemble, conservez 5 à 7 cornes sur vos Rosiers nains.

La taille consiste aussi à nettoyer un rosier de ses parties inutiles : les rameaux trop faibles, les brindilles, les branches cassées sont à couper au sécateur sur l'empattement, c'est-à-dire sur leur point de départ. Au besoin, il faut aussi, après trois ou quatre ans de végétation, refaire la corbeille en aérant le centre trop touffu de votre rosier.

Les rosiers taillés régulièrement, contrairement à ceux qui ne le seraient pas, prennent ainsi un port plus élégant, plus harmonieux, plus propre, plus vigoureux.

Pour donner à vos roses des couleurs plus vives, en particulier chez les fleurs rouges si éclatantes dans les massifs ou sur les formes grimpantes, incorporez à l'automne, lors d'un bêchage, du chlorure de potassium dans le sol ou, au printemps, du sulfate de fer. Ces engrais intensifient la couleur tout en fortifiant les tissus de vos plantes.

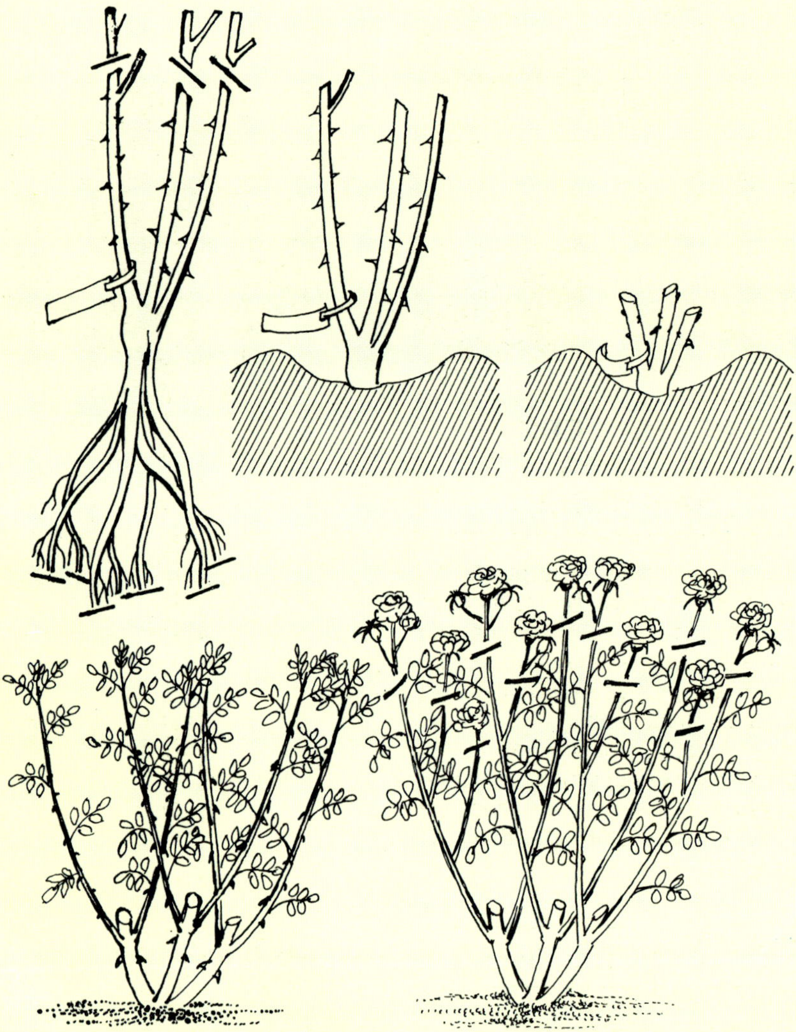

Taille durant la première année des Rosiers nains à grandes fleurs (Hybrides de Thé).

1 - Novembre : à la réception, rafraîchir le bout des branches et des racines.
2 - Novembre : mise en terre du rosier rafraîchi.
3 - Mi-février à fin mars : taille courte à 3 ou 4 yeux.
4 - Mai : croissance des jeunes pousses.
5 - Après floraison, couper les fleurs au-dessus des feuilles.

Rouge et or.

LES ROSIERS POLYANTHAS ET FLORIBUNDAS

On taille ces rosiers, à la plantation, comme ceux à grosses fleurs, donc en taille courte. Les années suivantes on peut leur appliquer une taille moyenne, à 3 ou 4 yeux, car leur grande vigueur les pousse au développement.

On leur laisse un maximum de cinq tiges par pied. Il ne faut jamais tailler long ces rosiers mais les maintenir bas, car leur effet d'ensemble doit rester de basse taille.

LES ROSIERS-TIGES

Leur taille, chaque année, se fait comme celle des Rosiers nains. Il faut être encore plus attentif à soigner la taille de ces rosiers, car une corbeille mal formée est beaucoup plus visible chez eux, vu sa position, et dépare une roseraie. Taillez donc toujours sur des yeux extérieurs, afin d'évaser la corbeille, et d'éviter de la déséquilibrer en rentrant les branches à l'intérieur.

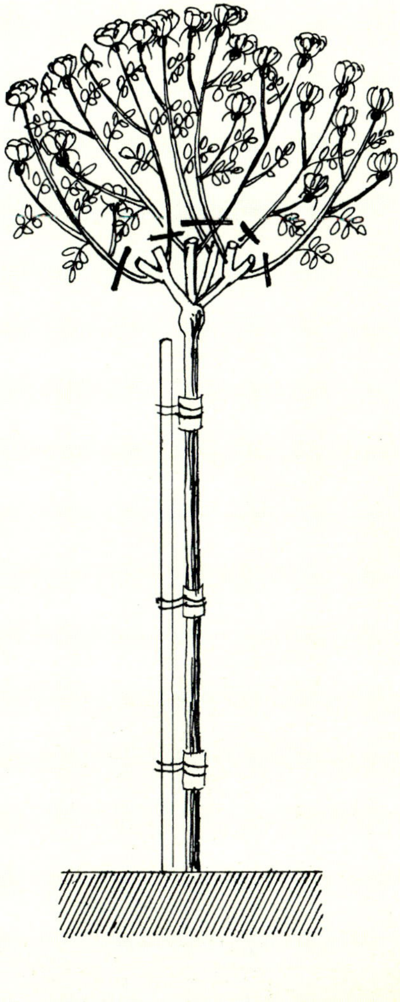

Rosier-tige.

Floraison de l'été. Taille à exécuter au printemps suivant, après avoir protégé la tête pendant l'hiver.

LES ROSIERS-BUISSONS A GRAND DEVELOPPEMENT

Ces rosiers sont très vigoureux, et atteignent 2 ou 3 mètres de hauteur. Une taille courte ou moyenne est exclue. Il faut leur laisser une bonne longueur de rameaux principaux si l'on veut garder leur effet buissonnant. La taille consiste surtout à rajeunir leur bois, en supprimant tous les deux ou trois ans les vieux rameaux au bois durci, qui seront remplacés par des jets de souche ou de rameaux plus jeunes. Il faut élaguer dans ce cas à la scie égoïne ou en queue-de-rat, assez près de la souche, sans abîmer les tiges à conserver qui partent du même pied. Pour ce faire, protégez vos mains par des gants de cuir souple, vendus dans le commerce dans ce but : ils préserveront les mains des griffures et estafilades de ces rosiers, ou de la pénétration de leurs fines et longues épines dans votre peau, ce qui est toujours fort désagréable et douloureux, même pour une main masculine. Il faut aussi aérer ces rosiers avec soin, opération un peu pénible, surtout s'ils ont pris de l'âge, car ils tournent facilement en un fagot de branches inextricables. Les Rosiers moussus sont dans ce cas, et le défaut d'élagage régulier y provoque un dessèchement fort désagréable à voir et à supprimer.

LES ROSIERS GRIMPANTS A GROSSES FLEURS

A la plantation d'un Rosier grimpant à grosses fleurs, nous avons dit de raccourcir les sarments jusqu'à 40 cm ou 50 cm

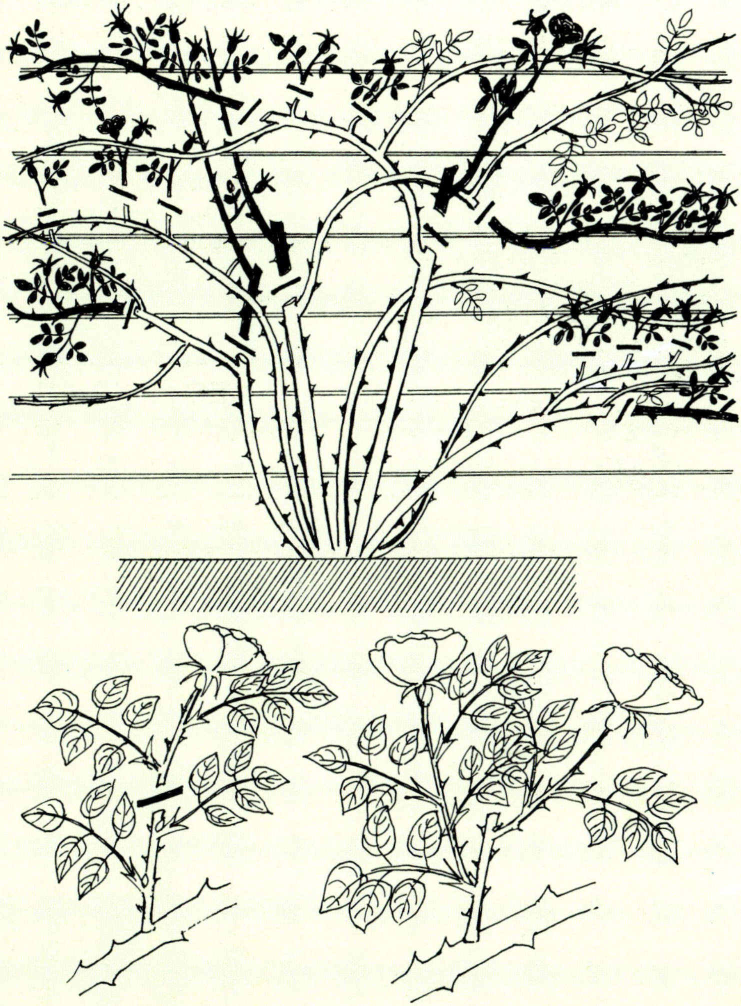

Rosiers grimpants à grosses fleurs *(suite).*

1 - La deuxième année de croissance et les suivantes on supprime les rameaux ayant fleuri. On les remplace par les nouvelles flèches ayant apparu successivement.

2 et 3 - Si l'on conserve quelques rameaux ayant fleuri, on leur taille les fleurs fânées à 2 ou 4 yeux.

Rosier pleureur.

1 - Mise à fleur la deuxième année, chez le type Albertine, suivie de la pousse de nouvelles branches.

2 - A l'arrière-automne, on supprime les rameaux défleuris en les remplaçant par les nouveaux rejets aoûtés.

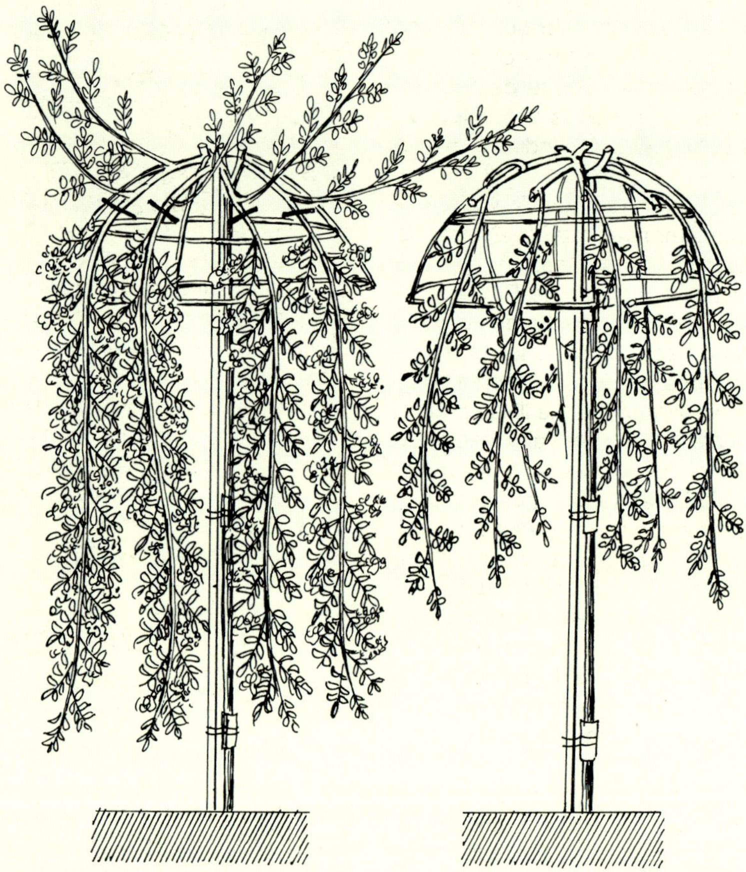

Coursonne *: chez les rosiers grimpants remontants, les grosses charpentières portent des fleurs tout au long au mois de juin. Ces fleurs viennent au bout de rameaux courts qui sont les coursonnes. On peut conserver ces coursonnes pour l'année suivante en les rabattant sur 2 à 3 yeux.*

du sol. Ce départ permettra d'assurer la reprise, en faisant partir sur cette charpente initiale des rejets plus vigoureux.

Ces rejets atteindront 1 mètre et davantage de longueur et devront être palissés le long des fils de fer prévus à cet effet. S'ils sont assez nombreux, on peut, soit les étaler en éventail, surtout s'ils sont adossés à un treillis en lattes de bois, soit les étaler de part et d'autre de ces chapentières centrales en les fixant horizontalement le long des fils tendus, à gauche et à droite.

Sur ces branches nouvellement poussées apparaîtront des rameaux courts florifères appelés coursonnes.

D'une année à l'autre, le Rosier grimpant, en se fortifiant, émettra de nouvelles pousses en flèches très longues, tandis que celles des années précédentes qui ont fleuri vieilliront. Ce vieillissement se traduit, entre autres, par l'allongement et le report de la sève vers l'extrémité de la branche florifère, tandis que les coursonnes inférieures ont tendance à se dessécher au fur et à mesure de l'allongement. Il faut donc essayer de parer à cet inconvénient en raccourcissant ces branches d'un tiers si elles sont de moyenne vigueur, ou d'un quart si elles sont vigoureuses, et en pratiquant une légère arcure sur la branche qui freinera la montée de la sève.

De toutes façons, il faut, au bout de plusieurs années, penser à rajeunir les vieilles charpentières en les dépalissant et en sectionnant une bonne longueur de leur vieux bois. On les remplacera sur les fils par les jeunes flèches fort longues qui apparaissent d'une année à l'autre. La taille des Rosiers grimpants consiste donc essentiellement en un rajeunissement.

Quant aux coursonnes, après leur floraison de l'année d'avant, on peut les rabattre au-dessus du 3e ou du 4e œil pour les faire refleurir.

Durant l'été, on peut également arquer les jeunes pousses qui pointent et s'allongent démesurément.

LES ROSIERS GRIMPANTS A PETITES FLEURS

Les Rosiers Wichuraianas ou les multiflores se renouvellent par de jeunes flèches issues près de leur souche. Il faudra chercher à relayer chaque année les vieilles branches défleuries par ce jeune bois, en sciant ou coupant à leur base les vieilles branches et en palissant à leur place les nouvelles venues. Si l'on a affaire à un mur ou une clôture, on étalera en arcures horizontales ces branches. Si l'on veut regarnir un pylône ou une colonne, il faudra veiller à ne pas attacher à la verticale ces jeunes rameaux, mais les enrouler en spirale autour du pilier pour favoriser leur mise à fleur.

LES ROSIERS PLEUREURS

Ces rosiers, assimilables aux précédents, doivent aussi être émondés de leurs vieilles branches défleuries qu'on remplace par les jeunes pousses issues du sommet de leur tige. On peut faire cette opération à l'arrière-automne, quand le jeune bois est bien mûr et peut relayer les branches défleuries.

COMMENT MULTIPLIER VOS ROSIERS ?

L'amateur peut aussi s'exercer à multiplier quelques rosiers.

Il y a quatre méthodes qui peuvent y réussir : le greffage, le bouturage, le marcottage et le semis.

LE GREFFAGE

C'est la méthode la plus sûre pour reproduire une variété à grosses fleurs.

Il faut rappeler que les nouveautés vendues dans le commerce avec le label de protection sont interdites de multiplication.

La greffe la plus employée est celle en écusson. Elle s'opère en prélevant un œil avec un morceau d'écorce sur la variété qu'on veut multiplier, puis à l'insérer sous l'écorce du porte-greffe qui est ordinairement un Eglantier. Après ligature, le greffon se soude naturellement sur son nouveau support, alimenté par la sève de ce dernier. Il s'épanouira en donnant la nouvelle variété, tandis que le porte-greffe est épointé pour ne servir que par sa racine.

Voyons de plus près ces différentes opérations.

On peut poser les greffes soit en juillet-août à œil dormant, où le démarrage de l'œil ne se fera qu'au printemps suivant, soit en février-mars où l'épanouissement se fera aussitôt.

Il faudra prévoir les porte-greffes, soit en déterrant de jeunes Eglantiers dans la nature, soit en semant soi-même les graines qu'on peut aussi bien prélever sur des fruits mûrs d'un rosier-buisson cultivé. L'opération n'est pas simple, ni rapide : il faut stratifier les graines dans du sable humide pendant tout un hiver, puis les semer en ligne dans une terrine et les suivre attentivement pendant une saison, avant de les mettre en pleine terre en pépinière, à un écartement suffisant pour leur croissance. Au bout de deux ou trois ans, on obtient des tiges capables de recevoir des greffes.

Pour prélever les greffons sur du bois tendre, coupez une ou plusieurs branches bien saines au mois de juin sur la variété souhaitée : supprimez les feuilles en gardant à chaque œil un bout de pétiole. Mettez ces baguettes en attente dans une jauge de sable humide, en les enterrant sur un tiers. Vous prélèverez sur elles les greffons au mois de juillet ou d'août.

Il vous faut aussi préparer le porte-greffe, en dégageant légèrement sa base au niveau du collet : c'est la greffe en pied, la plus employée pour les buissons à grosses fleurs. Essuyez-en la terre au chiffon, à l'aide d'un greffoir ou d'un canif faites une incision en forme de T haute d'environ 2 cm, de manière à pouvoir soulever les deux angles formés par l'incision.

Prélevez ensuite un greffon de la même longueur sur les baguettes enjaugées, en glissant le greffoir sous l'écorce au-dessus d'un bourgeon, sans chercher à entamer le bois. Si une petite esquille de bois apparaît sous le greffon, enlevez-la délicatement.

Puis glissez le petit écusson à travers la fente supérieure du T dont vous écartez les lèvres à l'aide de la spatule du greffoir. Enfoncez-le suffisamment pour que le bourgeon apparaisse au centre de la branche verticale du T, et supprimez ce qui dépasserait vers le haut. Votre écusson est ainsi en place et il ne reste plus qu'à le ligaturer pour parfaire l'adhérence avec un brin de laine, de raphia ou de caoutchouc enroulé en plusieurs spires. Laissez l'œil bien dégagé et n'employez pas de glu pour ce greffage.

En général la soudure se fait au bout de trois à quatre semaines et l'œil au lieu de se dessécher, doit manifester des signes de reprise (chute du pétiole, œil gonflé). En cas de dessèchement on peut toujours refaire un écussonnage à l'opposé du précédent. Au printemps suivant, si l'écusson est bon, on rabat le porte-greffe juste au-dessus de lui ; le bourgeon une fois épanoui et transformé en jeune pousse, il faut pincer cette dernière au-dessus de la deuxième feuille, de manière à provoquer la ramification de la variété.

Les Rosiers-tiges sont obtenus en greffant deux ou trois écussons de même variété sur une tige d'Eglantier assez haute et sans branches.

Ecusson *: œil détaché d'un rameau avec un peu d'écorce pour le greffer sur un autre sujet, appelé porte-greffe. L'écussonnage est l'un des moyens les plus employés pour la multiplication des rosiers, surtout chez les Hybrides de Thé.*

Greffon *: partie d'un végétal qu'on implante sur un autre, dit porte-greffe ou sujet. Le greffon permet de reproduire les cultivars*

Greffage en écusson.

1 - Prélèvement du greffon.

2 - Greffon séparé.

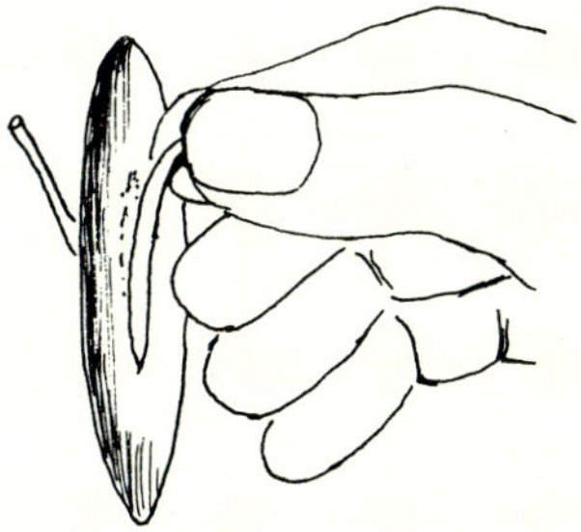

3 - Séparation des esquilles de bois.

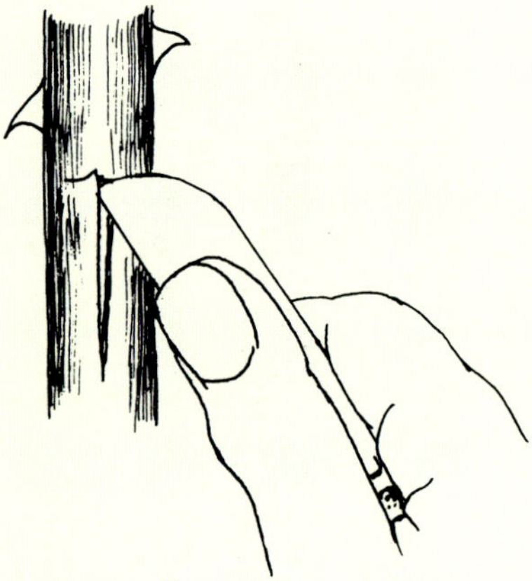

4 - Incision en T sur le porte-greffe.

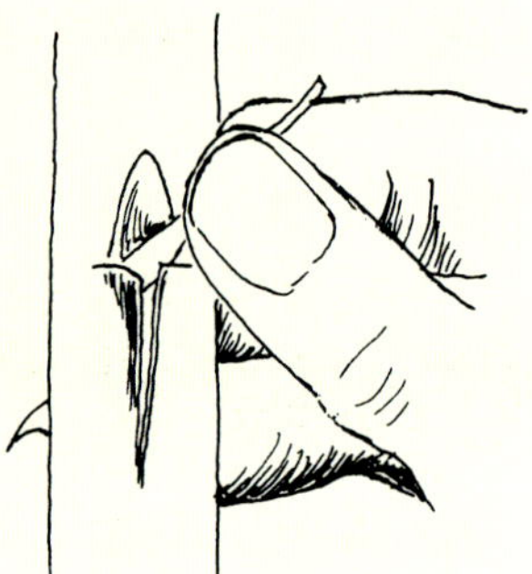

5 - Pose du greffon.

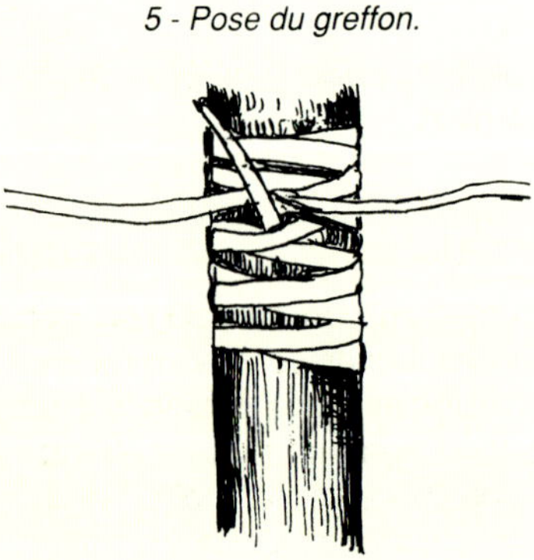

6 - Ligature.

LE BOUTURAGE

Bien que les professionnels renoncent à cette pratique, en raison de l'irrégularité de reprise, on peut aussi bouturer un grand nombre de rosiers, surtout les Polyanthas ou les Floribundas.

Le meilleur moment est de prélever les boutures sur vos rosiers à la fin de l'été. On coupe un rameau parmi les pousses de l'année, sur lequel on choisit la partie moyenne (15 à 20 cm). On supprime les feuilles tout au long sauf vers l'extrémité supérieure. Les boutures ainsi préparées sont placées côte à côte dans une petite tranchée, à 20 cm d'intervalle l'une de l'autre, en les enterrant aux deux tiers de leur hauteur. Remplissez ensuite la tranchée de terre, tassez et arrosez. Ce bouturage est fait en vert, mais on peut aussi procéder à bois sec, durant l'hiver, en aidant la reprise à l'aide d'une hormone dans laquelle est trempé le bas des rameaux.

On peut bouturer, parmi les Rosiers grimpants à petites fleurs, American Pillar, Albertine, Dorothy Perkins, et parmi les Rosiers-buissons, Rosa rugosa, Rosa moyesii, Rosa hugonis, etc.

La plupart des Floribundas se bouturent très bien, telle Queen Elizabeth.

Porte-greffe *: rosier qui a reçu ou doit recevoir une greffe. Les porte-greffe appartiennent pour la plupart soit à Rosa canina adapté aux terrains calcaires, soit à Rosa polyantha ou Rosa multiflora préférant les terrains acides. Il faut donc éviter d'intervertir ces derniers, en les plaçant, à tort, en sol calcaire.*

Bouturage.

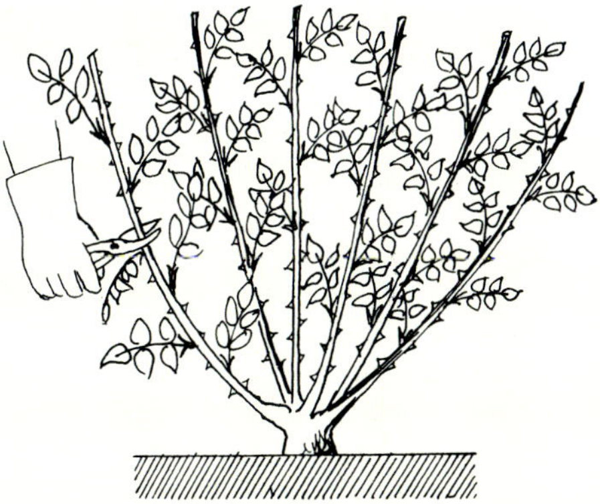

1 - On prélève des rameaux parmi les pousses de l'année qui ont fleuri.

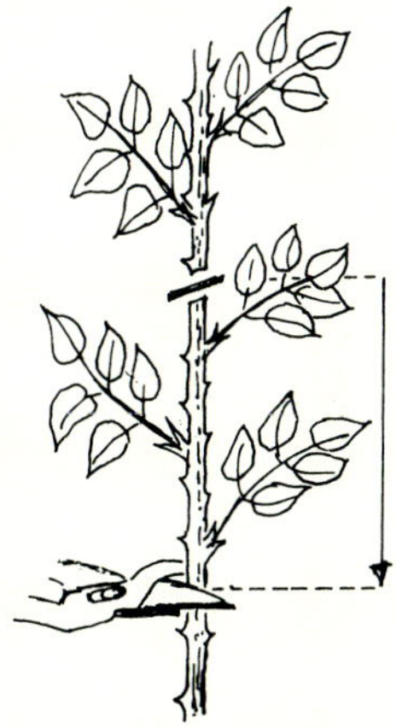

2 - On retient la partie moyenne de la branche, sur 15 à 20 cm de longueur.

3 - On élimine une partie de son feuillage.

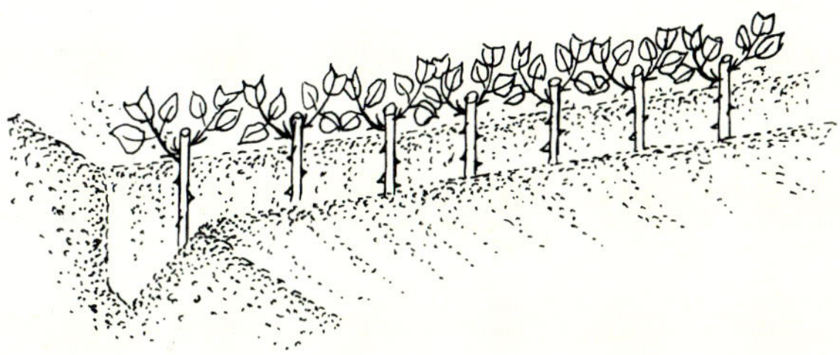

4 - On place les boutures en ligne à 20 cm d'intervalle.

Pour les Hybrides de Thé ou Rosiers modernes à grosses fleurs, l'essai n'est pas garanti, car certaines variétés sont fragiles et peu sujettes à un bon enracinement. Ce sont les variétés les plus vigoureuses qui ont des chances de reprise.

Les Rosiers miniatures, peu faits pour être greffés sur de trop fortes racines, se bouturent également bien. On peut couper en août des jeunes pousses qu'on repique sous cloche ou sous plastique dans un grand pot contenant un mélange de tourbe, de terreau et de sable. Dès que les pousses ont repris, on les transplante en pots individuels.

L'avantage des rosiers bouturés est de ne pas drageonner en s'émancipant, mais de fournir des bouquets homogènes de la même plante.

LE MARCOTTAGE

Ce système peut s'appliquer aux Rosiers sarmenteux de type Wichuraiana ou Multiflore. Il suffit de recourber un rameau, sans le détacher du pied-mère, dans le sol ou même un grand pot à mélange de tourbe, sable et terreau, en ayant soin d'inciser légèrement la partie marcottée sous un œil. L'opération peut se faire au printemps. Si le rameau est trop élastique et se maintient avec difficulté dans la terre, on peut le fixer à l'aide de petits cavaliers en métal. Il faut bien soigner ce genre de multiplication en arrosant régulièrement la marcotte pour aider au racinement. Au bout d'un an, on peut sevrer la nouvelle plante du pied-mère et la mettre en place définitive.

***Incision** : en rosiériculture, l'incision intervient dans le cas du marcottage des rosiers sarmenteux de type wichuraiana ou multiflore. On incise légèrement la partie marcottée sous un œil.*

LE SEMIS

Le semis est possible pour certains Rosiers botaniques et les porte-greffes, mais son irrégularité de levée le fait parfois déconseiller. Il est obligatoire pour la création des nouveautés qui ont subi l'hybridation.

L'OBTENTION DE NOUVELLES VARIETES

En principe ce sont les professionnels qui s'appliquent à obtenir des nouveautés. Mais l'amateur un tant soit peu passionné peut également s'y exercer.

Le procédé le plus courant est l'hybridation, qui consiste à reporter le pollen d'une fleur de variété précise sur le pistil d'une autre variété. Si ces deux variétés sont de couleur différente, on a des chances d'obtenir une couleur intermédiaire ou panachée, par exemple en hybridant le rouge et le jaune pur, on peut créer des roses de teinte orange ou mandarine ou de teinte bicolore, rouge pour l'endroit des pétales, jaune sur le revers. L'opération n'est cependant pas si simple à exécuter. Il faut faire l'essai sur plusieurs fleurs, car la fructification qui va s'ensuivre n'est jamais assurée d'une manière parfaite, et peut très bien s'avérer stérile. Il faut préparer très soigneusement les sujets femelles à recevoir le pollen approprié, en enlevant premièrement les pétales de leurs fleurs, puis en supprimant sans faute toutes les étamines avant maturité, à l'aide de ciseaux, et en coiffant immédiatement les ovaires d'un cornet de papier de manière à éviter qu'un insecte (abeille ou bourdon) ne vienne féconder la fleur à votre insu. On se reporte ensuite au pied mâle dont on prélève le pollen mûr à l'aide d'un pinceau ; on peut recueillir ce pollen dans un couvercle de boîte de cirage, puis on le dépose à l'aide du pinceau sur les fleurs femelles à féconder qu'on recouvre aussitôt des cornets de papier. Si la fécondation est réussie, l'ovaire doit gonfler et mûrir progressivement. Quand les graines y seront à point, on les sèmera en terrine. Ce sont ces levées de semis, au bout de quelques années, qui donneront les nouveautés à sélectionner sévèrement. Chez les professionnels, il faut souvent des milliers d'essais pour obtenir une nouveauté valable.

Fruité.

Hybridation.

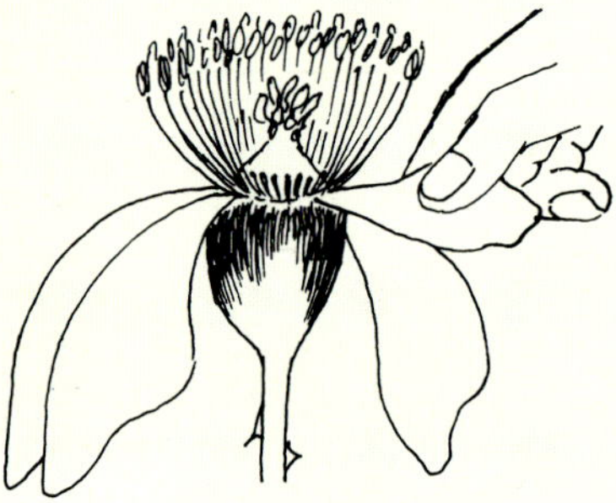

1 - On retire les pétales de la fleur-mère.

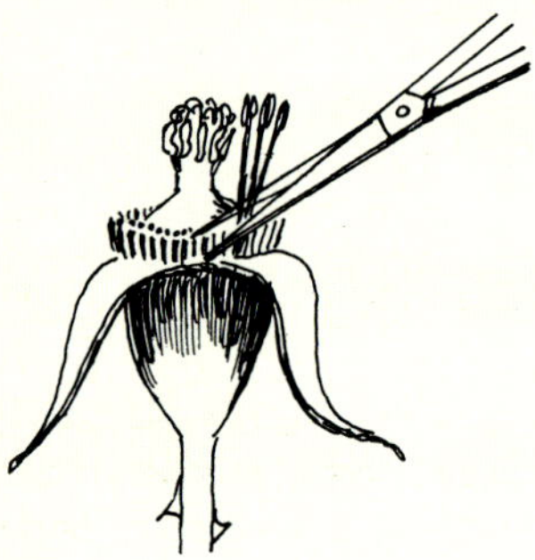

2 - On supprime ses étamines.

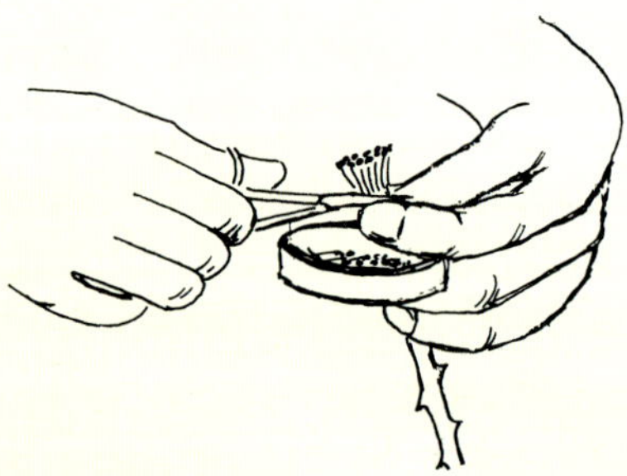

3 - On recueille les étamines de la fleur mâle.

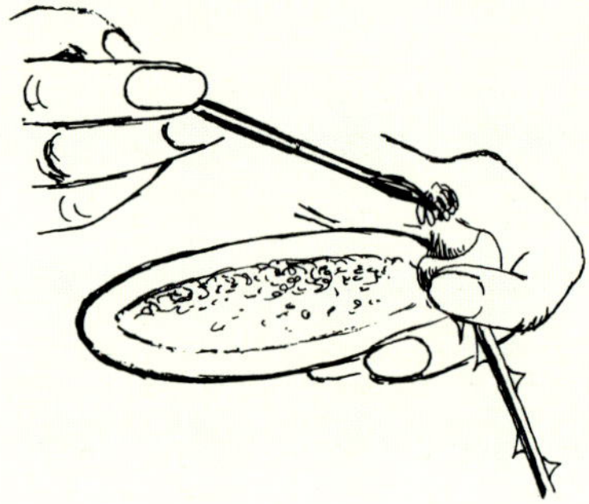

4 - On porte son pollen sur les stigmates.

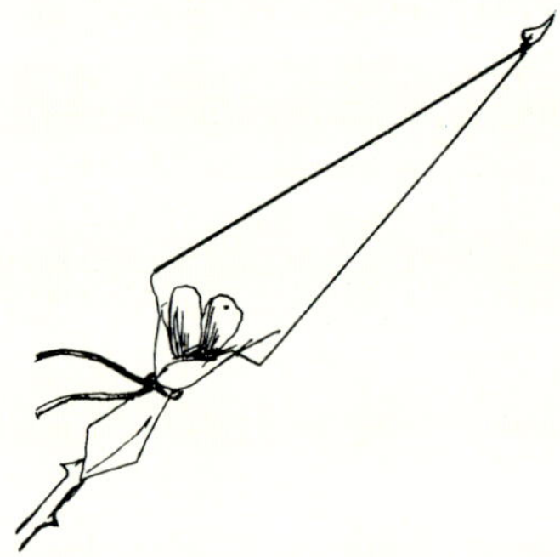

5 - Un cornet de papier protège la fleur fécondée.

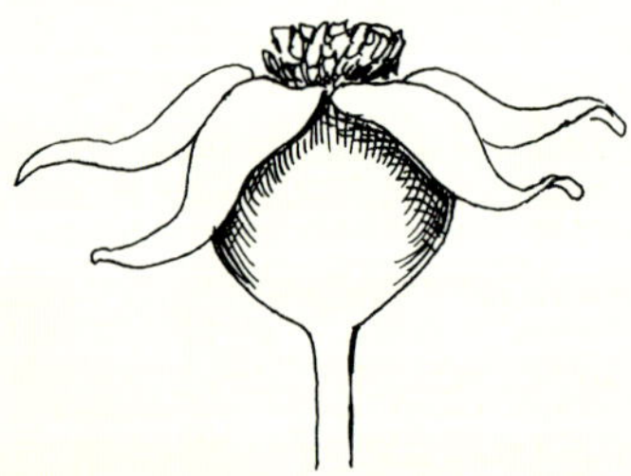

6 - Le fruit mûrit en se gonflant.

LES ENNEMIS DES ROSIERS

Nous examinons successivement les insectes parasites et les champignons nuisibles.

LES INSECTES

Les pucerons sont les plus souvent parmi les insectes nuisibles des rosiers. Ils sont souvent verts, mais peuvent aussi être noirs, gris ou ambrés. Leur reproduction est très rapide et, durant toute la belle saison, les femelles pondent des petits tout vivants sans avoir été fécondées. A l'automne seulement, elles déposent leurs œufs sur l'écorce ou les feuilles mortes où ces œufs passeront l'hiver. Il faut donc traiter en conséquence.

Au printemps on peut appliquer les produits à base de malathion (KB insectes liquide) dont on asperge les rameaux, sans forcer les doses. Plus tard, la nicotine ou roténone peuvent se pulvériser à leur tour.

Les chenilles peuvent s'attaquer aux feuilles. Si elles sont peu nombreuses, on les détruit à la main. Plus infestantes, on peut appliquer un insecticide biologique qui s'attaque à leur vitalité (Bactospéine de Sovilo contenant un bacille).

Les cochenilles, en forme de petits boucliers appliqués sous les feuilles et sur l'écorce, épuisent les rosiers en suçant leur sève. On les prévient par un traitement d'hiver à base d'huiles (Elgétiver de Truffaut, Sovion de Sovilo, Anticochenille de Ciba Geigy).

Les tenthrèdes à fourreau causent parfois des dégâts spectaculaires. Ce sont de petits hyménoptères volant en mai autour des rosiers et y pondant leurs œufs qui éclosent quelques jours après sous forme de larves verdâtres. Ces fausses chenilles enroulent les folioles l'une après l'autre en fins cigares, défigurant les rosiers. A ce stade le traitement est déjà trop tardif. Dans les régions à tenthrèdes, il vaut mieux prévenir leurs attaques en appliquant en mai ou juin une pulvérisation de malathion (Nexion de Sovilo, Dilethol de Truffaut).

Le mégachile du rosier, autre hyménoptère attiré par le feuillage, découpe des pastilles de feuilles parfaitement circulaires pour en tapisser son nid. Il arrive qu'un seul rosier en soit particulièrement touché, mais là encore il est trop tard pour réagir, sauf en repérant les nids pour détruire les pontes.

Insectes parasites des rosiers.

1 - La Tenthrède du rosier (Hylotoma rosae).

2 - La Tenthrède à fourreau (Pemphilius inanitus).

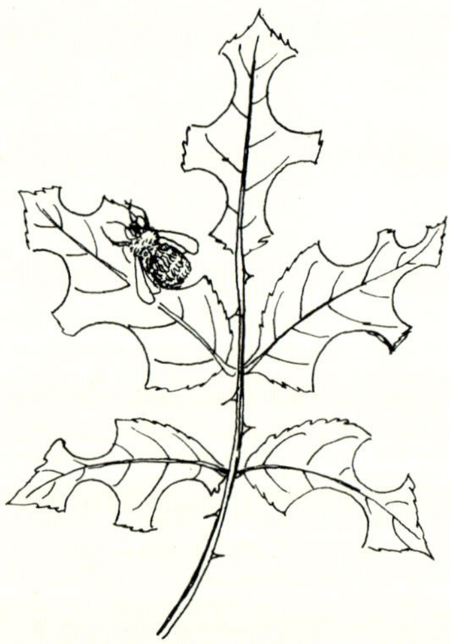

3 - La Mégachile du rosier (Megachila centuncularis).

4 - La Cochenille du rosier (Diaspis rosae).

LES MALADIES CRYPTOGAMIQUES

L'oïdium ou blanc est dû au mycélium de Sphaerothéca pannosa, qui peut blanchir les boutons des rosiers et les jeunes rameaux dès la fin d'avril. La végétation est ralentie et les boutons ne s'épanouissent pas. Pour lutter contre le blanc, on utilise des produits à base de soufre, appliqués soit sous forme de poudre, soit sous forme de pulvérisation (Karathane de Ciba Geigy, L C blanc de Clause, Sulfogétal de Truffaut, Antioïdium d'Umupro, etc.). Il faut éviter de poudrer ou de pulvériser en plein soleil ou par temps pluvieux, mais le faire plutôt le soir ou par temps couvert. Pour faire adhérer les poudres, on peut les appliquer tôt le matin quand la rosée imprègne encore les feuilles, ou les humecter par une légère pulvérisation d'eau. Il faut traiter préventivement dès le début de la végétation, puis renouveler les applications deux fois par mois au cours de la végétation estivale.

Le marsonia, appelé encore black spot ou maladie des taches noires, est dû à Marsonia rosae. Il tache les feuilles de noir ou de brun en provoquant leur jaunissement, puis leur chute. Autrefois, on traitait surtout à la bouillie bordelaise et l'on continue de nos jours avec des applications à base de cuivre, telles le manèbe, le zinèbe, le bupirimate, la triforine (Dithane M 45 de Ciba Geigy, L C mildiou de Clause, Manelgé de Truffaut, Peltar de Sovilo, KB mildiou, etc.). Il faut veiller à ramasser toutes les feuilles tombées et à les brûler soigneusement, car elles hébergent les spores de marsonia et transmettent la maladie d'une année à l'autre.

La rouille due à Phragmidium subcorticum, pique au printemps les feuilles de petites pustules circulaires, d'un jaune orangé. Puis, durant l'été et l'automne, elle couvre les feuilles de larges plages d'une poussière jaune orangé. Le feuillage attaqué tombe alors précocement. Les Rosiers botaniques et certaines variétés à grandes fleurs sont particulièrement sensibles à la rouille. On utilise les même produits que pour le marsonia.

Le chancre des tiges se manifeste sur le bois, où se voient en avril-mai des taches foncées auréolées d'une zone rougeâtre ; puis l'écorce se détache, tandis que la plaie s'étend et finit par tuer le rameau. Ce chancre est dû à un cryptogame du nom de Coniothyrium wernsdorffiae. En cas d'apparition, il faut détruire les rameaux atteints, ou gratter les plaies, y passer une solution de sulfate de cuivre puis les recouvrir de mastic antiseptique.

L'anthracnose, due au champignon Phyllosticta rosarum, sévit fréquemment sur les Rosiers grimpants. Elle rougit le bord des feuilles avant de nécroser leur tissu qui s'effrite. Un traitement préventif comme pour le marsonia peut être efficace.

Fongicide *: produit destiné à soigner les maladies d'origine cryptogamique. La plupart des grandes maisons de produits horticoles éditent leurs propres fongicides, presque toujours à base de soufre ou de cuivre. Il existe aussi des produits systémiques dont l'action est plus efficace, car ils pénètrent dans la sève et peuvent donc atteindre les insectes piqueurs ou le mycélium des champignons pénétrant dans les cellules. Ils sont pulvérisés sur le feuillage, ou répandus au sol sous forme de granulés dont la matière active atteint les racines et est absorbée par elles.*

Champignons parasites des rosiers.

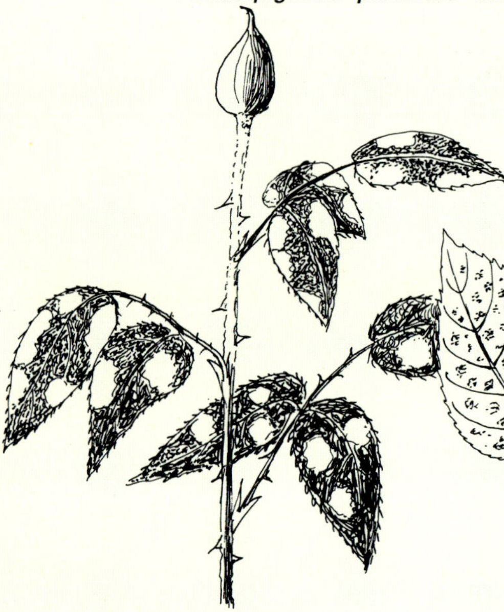

1 - Blanc du rosier (Sphaerotheca pannosa var. rosae).

2 - Rouille du rosier (Phragmidium subcorticum).

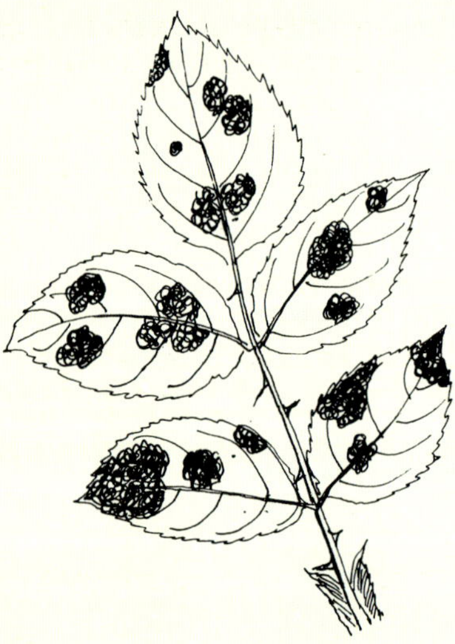

3 - Marsonia (Actinonema rosae).

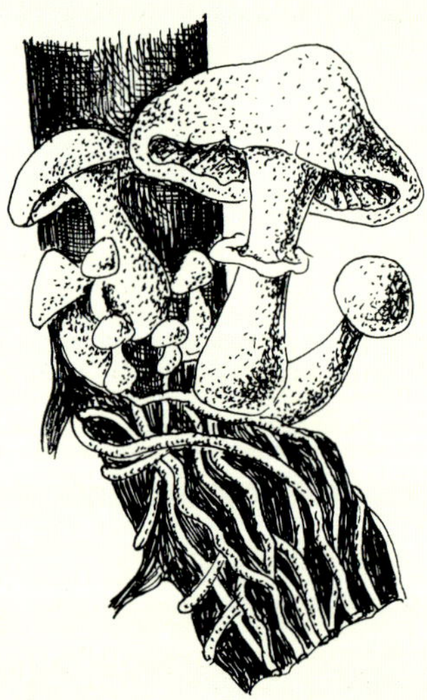

4 - Armillaire (Armillaria mellea).

COMMENT ENTRETENIR VOS PLANTATIONS ?

JANVIER

Ne pas faire de travaux par temps de gel, ni par temps ensoleillé si le sol reste gelé.

En période douce, on peut procéder à la taille de nettoyage des grands rosiers en buissons, dont il faut défaire l'ensemble pour retirer les vieilles branches trop ramifiées et en partie desséchées.

On peut aussi bêcher tout autour des rosiers.

FEVRIER

La première quinzaine prolonge ordinairement le temps du mois de janvier. Mais vers le 20 février, l'on peut reprendre les travaux à l'extérieur. Enlèvement des abris ou de l'empaillage des Rosiers-tiges. Taille des Rosiers nains à grandes fleurs ou des Floribundas. Aérer les greffes d'hiver sur collet de racine et supprimer les prolongements des porte-greffes juste au-dessus des greffons, si les écussons indiquent une reprise. Appliquer un fongicide préventif à base de cuivre contre l'oïdium ou le marsonia. Planter le plus tôt possible les variétés commandées dans le commerce.

MARS

Mois important pour la taille qui doit se faire à tous vos Rosiers nains à grandes fleurs, ou Floribundas et Polyanthas de vos plates-bandes. Terminez sans faute toutes vos plantations de rosiers, et taillez-les en conséquence.

Faites un bêchage de printemps et incorporez du fumier bien décomposé ou les engrais choisis.

Sur les rosiers sarmenteux, prévenez le blanc par un premier soufrage.

Continuez à aérer progressivement les greffes sur collet de racine. La plantation des églantiers en vue du greffage doit aussi se terminer, si ce n'est fait.

On peut procéder au marcottage de certains rosiers sarmenteux à petites fleurs.

Si vous avez stratifié des graines à l'automne, vous les semez en terrines correctement, en veillant à ne pas briser les jeunes pousses.

AVRIL

Donnez de l'engrais "rosiers" à vos cultures en place (acheté dans le commerce, ou du nitrate de soude pour les plants chétifs).

Vérifiez les attaches de vos Rosiers grimpants, ainsi que celles des Rosiers-tiges.

Enrayez le développement du blanc par des applications de produits.

Si vos greffes ont démarré en jeunes pousses, pincez-les au-dessus du troisième œil pour les faire ramifier. Palissez-les à mesure à l'aide de petits tuteurs.

Plantez définitivement les boutures faites l'année précédente.

Arrosez les jeunes plants élevés de semis.

MAI

Continuez à traiter préventivement vos rosiers (attention aux pucerons naissant durant ce mois).

Effectuez un bon binage à leur pied pour garder la terre propre (levée de mauvaises herbes).

Arrosez les jeunes plantations. La floraison des Rosiers grimpants peut déjà se manifester.

Commencez les greffes à œil poussant.

Repiquez vos jeunes replants de semis, en les mettant en pleine terre à l'espacement suffisant, en lignes.

JUIN

La floraison va se manifester pour beaucoup de rosiers. Veillez à la propreté du sol (binage), des gazons (tonte), des allées. N'oubliez pas les besoins d'eau de toutes vos plantes.

Posez vos dernières greffes à œil poussant.

Continuez d'ébourgeonner les tiges de vos Eglantiers que vous voulez greffer en tête.

Surveillez toujours vos jeunes plantations de semis ou de boutures en les arrosant, les binant, les soufrant.

Visitez les roseraies souvent dans tout leur éclat à la fin de ce mois et notez les belles variétés ou les effets qui vous plaisent.

__Oeil dormant__ : se dit d'un bourgeon pendant sa période de repos, qui ne va pas s'ouvrir dans la saison.

__Oeil latent__ : bourgeon situé ordinairement au bas d'une branche ou d'un rameau, à peine visible, mais cependant capable de pousser si l'on taille la branche au-dessus de lui.

__Oeil poussant__ : bourgeon prêt à s'épanouir dans la saison.

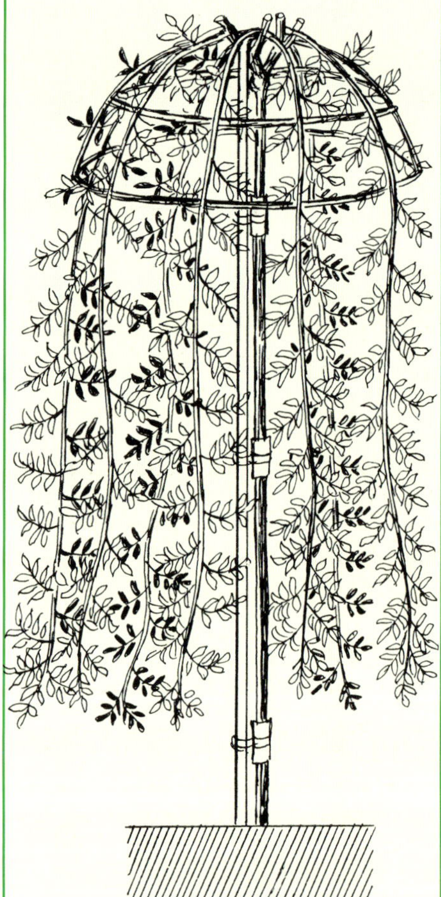

Ramification durant l'été chez le type Albertine, qui passera l'hiver.

JUILLET

On peut encore visiter les roseraies comme précédemment. C'est très recommandé et vous ne le regretterez pas.

Dès le début du mois, taillez les variétés sarmenteuses dont la floraison est terminée (Wichuraianas, Multiflores, etc.).

Arrosez durant les périodes de chaleur.

Appliquez les traitements antifongiques ou autres, nécessaires.

C'est le grand mois de l'écussonnage à œil dormant, car les tiges encore tendres permettent de l'exécuter au mieux.

Taillez en vert les fleurs fanées, c'est-à-dire supprimez les pointes de vos coursonnes (Rosiers grimpants) ou des Hybrides de Thé et Floribundas (type Queen Elizabeth). Ces rosiers peuvent refleurir s'ils sont remontants.

Continuez à greffer à œil dormant (porte-greffes avec greffe au collet, ou Rosiers-tiges greffés en tête).

AOUT

Terminez les greffes à œil dormant. Commencez à enlever les ligatures de celles faites un mois auparavant. On peut aussi bouturer les rameaux ligneux, qui resteront tout l'hiver en place.

SEPTEMBRE

Finissez de détacher les ligatures de vos écussons. On peut encore bouturer des rameaux ligneux.

Taillez les Rosiers grimpants non remontants en conservant les jeunes pousses qu'il faut soigneusement palisser.

OCTOBRE

Préparez vos terres pour de futures plantations, par un bon défoncement ou de gros labours.

Vers la fin du mois, on peut commencer à planter. C'est le mois où il faut penser à installer vos mises en place (parterres, pylônes, etc.).

Brûlez les feuilles mortes.

Terminez le bouturage des rameaux ligneux.

Récoltez les fruits d'Eglantiers ou de rosiers dont vous voulez semer les graines.

NOVEMBRE

Préparez l'hivernage des rosiers en buttant éventuellement les Rosiers nains un peu sensibles au gel, en encapuchonnant les Rosiers-tiges vers la fin du mois.

C'est aussi la pleine saison des plantations.

On greffe à froid sur collet de racines, on bouture encore des rameaux ligneux, on peut sevrer les marcottes faites au printemps.

On sort les graines des fruits d'Eglantiers, récoltés précédemment.

DECEMBRE

Il vaut mieux avoir terminé toutes vos plantations.

Toutes les plantes craignant le froid doivent être protégées.

Ramassez soigneusement toutes les feuilles tombées des rosiers et brûlez-les en tas, sans les mettre au compost.

On peut greffer en atelier sur les rosiers arrachés ou sur des fragments de racines pour certaines espèces vigoureuses.

Protection des rosiers fragiles en hiver.

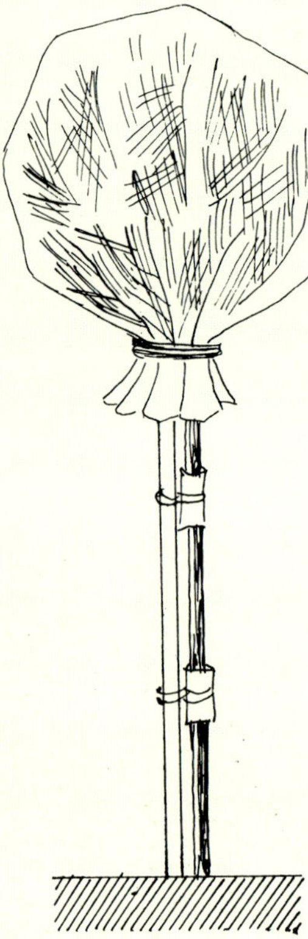

1 - Rosier-tige garni de paille sous plastique.
2 - Rosier-buisson recouvert d'un lit de feuilles.
3 - Rosier grimpant dont l'ensemble est couché sur le sol et enveloppé de paille sous plastique.

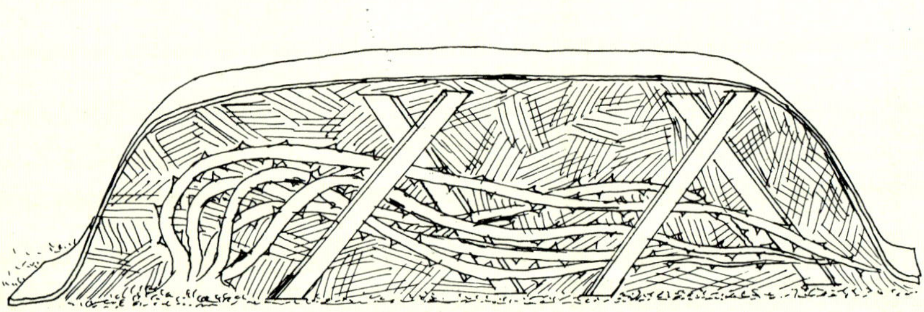

LES DIFFERENTES SORTES DE ROSIERS

Aucune fleur de culture n'est aussi variée que la rose, car depuis que le monde civilisé existe, tous les peuples de haute culture se sont appliqués à l'obtention et à la conservation des moindres variations de cette fleur. La nature a favorisé cette prolifération à la fois dans le temps et dans l'espace, en multipliant les espèces et les formes à l'état spontané comme en autorisant avec souplesse tous les mélanges souhaitables. A la fin du XXe siècle, le nombre de ses formes et variétés est tellement pléthorique qu'il faut un minimum de regroupements pour se guider dans ce dédale. C'est pourquoi, nous livrons à nos lecteurs, pour parfaire cet ouvrage, un éventail des principaux groupes auxquels on peut être affronté.

LES ROSIERS ANCIENS

Encore appelés Rosiers botaniques, les Rosiers sauvages provenant des différentes régions du globe, en fait surtout de l'Europe et de l'Asie tempérées ou méridionales, peuvent toujours servir pour certains effets décoratifs.

Dès le IVe siècle avant Jésus-Christ, le Grec Théophraste (372 - 288) mentionne que les habitants de Philippes, en Macédoine, allaient chercher sur les Monts Pangée la Rose gallique à fleurs doubles pour la replanter dans leur jardin. Cette rose, sorte de grosse églantine rouge, n'avait en fait que deux corolles circulaires. C'était une duplicature spontanée à partir du type gallique à corolle simple, lequel vient aussi en France méridionale. C'est même là en Provence, qu'est née la Rose gallique de Provins (déformation du nom de Provence), un peu plus double que la précédente.

Plus tard, à l'époque arabe, les musulmans du Proche Orient, très sensibles au parfum et à la beauté de la rose, sélectionnèrent à partir des Rosiers galliques des fleurs absolument pleines, dont les étamines fort nombreuses s'étaient transformées en pétales. Certaines eurent ainsi des corolles à plus de cent limbes offrant

Rosa rugosa Thumb. var. rubra Hort.

la forme d'un chou rose plus ou moins globuleux. On les nomme dans ce cas Rosiers centfeuilles (Rosa gallica centifolia). D'autres pieds offrirent des fleurs pleines groupées par 7 à 9 en bouquets : ce fut la race de Damas (Rosa gallica damascena).

Ces Roses-choux, croisées avec notre églantine de France (Rosa canina), donnèrent une nouvelle race à fleurs bien pleines, odorantes et blanches : ce fut le premier Rosier blanc de jardin (Rosa alba L.).

Toutes ces races, avec leurs variations naturelles, ont formé le stock de roses à peu près seul connu au Moyen Age, de la Perse à la France, ainsi qu'aux XVIe, XVIIe et XVIIIe siècles. Quand le poète persan Saadi (mort vers 1290) chante la rose, c'est de la Centfeuilles qu'il parle et c'est de son parfum qu'il nous envoûte encore : "Un sage était plongé dans une méditation profonde. Lorsqu'il sortit de son extase, un de ses compagnons lui dit : - Que nous rapportes-tu de ce beau jardin où tu te promenais ? Le sage répondit : - J'avais rempli de roses le pan de ma robe, et je voulais vous les distribuer, mais leur parfum m'a tellement enivré que le pan de ma robe s'est échappé de mes mains".

Et c'est encore de la vermeille gallique que Ronsard, au XVIe siècle, tire de subtils rapports :

"Mignonne, alons voir si la rose
Qui ce matin avoist desclose
Sa robe de pourpre au soleil,
A point perdu cette vesprée
Les plis de sa robe pourprée,
Et son teint au vostre pareil."

Rose de Provins.

Rosier en fruits.

Rosa omeiensis de Chine occidentale.

Deux Eglantiers jaunes étaient cependant connus depuis le Moyen Age, d'origine proche-orientale : le Rosier à fleurs jaunes (Rosa lutea Daléchamps) et la Rose Capucine (Rosa punicea Cornuti), mais leur odeur peu agréable les laissait pour ainsi dire dans l'ombre.

Au XVIIe siècle on cultive en Hollande et en Angleterre une variété mutante de la rose-chou, dont les calices et les pédoncules sont entièrement couverts d'une mousse de poils verts et musqués : c'est la Rose moussue (Rosa centifolia muscosa) introduite en France à la fin du XVIIIe siècle et fort à la mode au XIXe.

A partir de 1789, l'introduction de la Chine et du Japon de roses particulières va renouveler le stock gallique et centfeuille.

La Rose du Bengale (Rosa semperflorens Curtis), de teinte rose vif, fut ramenée de Chine. Par croisement avec la Rose de Damas, elle donna la race hybride des Rosiers Bourbons, parfumés et très épineux. Et par croisement avec la Rose musquée (Rosa moschata), elle donna la race hybride des Rosiers noisettes ou hybrides de Bengale, qui sont surtout sarmenteux.

Toutes ces roses anciennes sont parfumées et leurs survivantes pourraient encore embaumer nos jardins et nous laisser rêver à leur naissance. Citons comme achat possible : "Souvenir de la Malmaison" aux grosses fleurs d'un carné pâle obtenues en 1843, et "Zéphirine Drouhin", de 1868, aux fleurs semi-doubles carmin vif et dépourvues d'épines : ces deux rosiers se présentent sous la forme sarmenteuse et sont de la race des Bourbons. Quant aux Noisettes, "Aimée Vibert", également sarmenteux, plus connue sous le nom de "Bouquet de la Mariée", porte de gros bouquets blancs au bout des rameaux et se cultive en

Rosa foetida bicolor (Jacq. Willm.), 16e siècle.

Stanwell Perpetual (hybride de Rosa pimpinellifolia).

Persian Yellow, hybride de Rosa foetida (introduit par Willock en 1837).

contrespalier d'une grande vigueur (variété odorante et remontante).

Pour finir avec les Rosiers botaniques, citons comme provenant de la Chine, Rosa Hugonis, à très nombreuses fleurs d'églantine d'un jaune doré, s'épanouissant de bonne heure, Rosa Moyesii aux fleurs simples d'un rouge foncé nuancé de brun, Rosa rugosa rubra aux grandes corolles simples ou semi-doubles d'un rouge violacé et très odorantes, enfin, Rosa sericea pteracantha, un superbe Eglantier blanc de l'Himalaya, aux épines rouges et translucides largement empattées sur les rameaux. Un défaut commun à ces rosiers : ils ne fleurissent qu'une fois dans l'année, mais quelle splendeur dans leurs cascades de corolles !

Madame Knorr obtenue par V. Verdier en 1865.

Rosa rubus, Chine centrale.

LES ROSIERS BUISSONS A GRANDES FLEURS

Au XIXe siècle, principalement dans la seconde moitié, commencent à apparaître les roses modernes.

Disons de suite qu'elles sont dues à une succession de vagues d'hybridations, issues les unes des autres comme les tablettes d'un meuble gigogne.

Vers 1809 fut introduit de l'Inde le Rosier Thé ou Rosier à odeur de Thé (Rosa indica). Il eut pour qualités une végétation rapide ainsi que des fleurs nombreuses semi-doubles et remontantes. Croisé avec les vieilles espèces, il pouvait leur donner vigueur et renouvellement.

C'est ainsi que vers 1842 sont apparus les premiers Rosiers hybrides remontants (croisement de Rosa gallica et Rosa indica), à fleurs grosses, bien doubles, odorantes, le plus souvent roses ou rouges (ou blanches, mais jamais jaunes). On en cultive encore aujourd'hui quelques rescapées, telles Ulrich Brunner d'un rouge cerise (obtenue en 1881), François Coppée d'un rouge vif (obtenue en 1885), Reine des Neiges, très vigoureuse et d'un blanc extra pur (obtenue en 1900).

En recroisant les Rosiers hybrides remontants avec les Rosiers Thé, on obtint une nouvelle race dite Hybrides de Thé, où le jaune est fréquent et qui comporte presque tous nos rosiers modernes à grandes fleurs (soit nains, soit grimpants). C'est là que vous trouvez ces belles roses modernes au centre ferme et conique auréolé de pétales gracieusement ourlés (type Michèle Meilland). Mais certaines, comme Baccara, peuvent être de forme étalée, avec de fort nombreux pétales. En voici une petite liste suivant l'ancienneté.

Caroline Testout 1890 Pernet-Ducher
fleur rose - hauteur : 0,70 m.

Etoile de Hollande 1920 Verschuren
fleur rouge - hauteur : 1 m.

Mme Pierre S. Du Pont
1928 Mallerin
fleur jaune d'or - hauteur : 1 m.

Comtesse Vandal
1932 Leenders et Cie
fleur rose saumoné et orangé -
hauteur : 0,80 m.

Marquesa de Urquijo 1938 Camprubi
fleur jaune et orange - hauteur : 0,80 m.

Madame A. Meilland 1942 Meilland
fleur jaune et rose - hauteur : 1,20 m.

Michèle Meilland 1945 Meilland
fleur rose - hauteur : 0,85 m.

Virgo 1947 Mallerin
fleur blanche - hauteur : 0,80 m.

Charles Mallerin 1947 Meilland
fleur rouge noir - hauteur : 0,80 m.

Sutter's Gold 1950 Swim
fleur jaune veiné d'orange -
hauteur : 0,75 m.

Mme Louis Laperrière
1951 Laperrière
fleur rouge cramoisi - hauteur : 0,80 m.

Bettina 1953 Meilland
fleur orange saumoné - hauteur : 0,80 m.

Baccara 1955 Meilland
fleur orange corail - hauteur : 0,85 m.

Grâce de Monaco 1956 Meilland
fleur rose frais nacré - hauteur : 0,85 m.

Champs-Elysées 1957 Meilland
fleur rouge cramoisi : hauteur : 1 m.

Rendez-vous 1958 Meilland
fleur rose - hauteur : 0,90 m.

Papa Meilland 1963 Meilland
fleur rouge pourpre - hauteur : 0,80 m.

Youki San 1965 Meilland
fleur blanc pur - hauteur : 0,65 m.

New Style 1967 Meilland
fleur rouge cerise - hauteur : 0,85 m.

Super Star 1967 Tantau
fleur orange mandarine - hauteur : 1 m.

Illisca 1970 Laperrière
fleur d'un beau rose de Tyr -
hauteur : 0,80 m.

Domila 1971 Laperrière
fleur rose, beau bouton -
hauteur : 1 m à 1,20 m.

Bettina.

Illisca.

Domila.

Alexander.

Double Delight.

Landora 1971 Tantau
fleur jaune vif, florifère - hauteur : 0,80 à 1,20 m.

Alexander 1975 Harkness
grosses fleurs orange - hauteur : 1 m à 1,50 m.

Double Delight
1977 Swim et Armstrong
fleur blanc-crème à lèvres roses - hauteur : 0,80 m.

Joëlle 1977 Kriloff
fleur blanc cassé ombré de rose - hauteur : 1 m à 1,15 m.

Silver Jubilée 1978 Cocker et Sons
fleur rose saumon, florifère - hauteur : 0,80 m.

Président Léopold Senghor
1979 Meilland
fleur rouge sang ombré de velours noir - hauteur : 1 m à 1,10 m.

Michel Hidalgo 1980 Meilland
Fleur rouge sang, bouton noir de velours - hauteur : 1 m.

Catherine Deneuve 1981 Meilland
fleur rose saumoné, florifère - hauteur : 1 m à 1,15 m.

Princesse de Monaco 1982 Meilland
fleur blanc nacré à ourlet rose - hauteur : 1 m à 1,30 m.

Magic Fire 1983 Laperrière
fleur rouge feu, très florifère - hauteur : 0,70 m.

Joëlle.

Silver Jubilée.

Président Léopold Senghor.

Magic Fire.

Rouge Meilland 1983 Meilland
grosse fleur plate rouge sang -
hauteur : 1,35 m.

Satellite 1983 Delbard
fleur saumon vif virant au rose -
hauteur : 1 m.

Panthère rose 1984 Meilland
fleur rose saumon lumineux -
hauteur : 1 m à 1,50 m.

Rêve de Paris 1985 Meilland
fleur saumon orange, beau bouton -
hauteur : 1 m à 1,20 m.

Rêve de Paris.

Diane de Poitiers 1986 Paul Croix
fleur rose frais - hauteur : 1 m.

Jardins de Bagatelle 1986 Meilland
fleur blanc-crème nacré de rose -
hauteur : 0,85 m.

Banco 86 1986 Laperrière
fleur jaune pur intense - hauteur : 0,90 m.

Amalia 1986 Meilland
fleur rouge pourpre - hauteur : 1 m.

Nuit d'Orient 1986 Mac Grédy
fleur rouge cramoisi - hauteur : 1 m.

Renata Tebaldi 1986 Delbard
fleur rouge orange - hauteur : 0,95 m.

Catherine Deneuve.

Rouge Meilland.

Panthère rose.

En recroisant encore ces hybrides avec les rosiers à fleurs jaunes, Rosa lutea, l'horticulteur lyonnais Pernet-Ducher obtint une nouvelle race à tons surtout jaunes et orangés ; ce fut la race des Rosiers Pernetianas.

Madame Edouard Herriot
1912 Pernet-Ducher
fleur orangée - hauteur : 0,80 m.

Talisman 1929 Montgomery
fleur rouge et jaune - hauteur : 0,85 m.

Sœur Thérèse 1930 Guillot
fleu jaune vif - hauteur : 0,80 m.

Condesa de Sastago
1934 Pedro Dot
fleur rouge et jaune - hauteur : 0,90 m.

Madame Henri Guillot 1930 Guillot
fleur orangée - hauteur : 0,90 m.

Hybrides de Thé *: catégorie horticole de rosiers, dits aussi rosiers nains à grandes fleurs, issus de nombreux croisements dont l'un des parents d'origine fut le Rosier Thé ou Rosier à odeur de Thé (Rosa indica) introduit de l'Inde vers 1809. C'est aujourd'hui la catégorie de roses à grandes fleurs la plus riche en variétés, dont les nouveautés paraissent d'une année à l'autre.*

Satellite.

Orangina.

LES ROSIERS FLORIBUNDAS

Les Rosiers floribundas sont intermédiaires entre ceux à grosses fleurs et les Poyanthas à petites fleurs. Ils sont obtenus à partir des Hybrides de Polyanthas croisés avec les variétés à grosses fleurs. Leurs boutons de taille moyenne, sont groupés en bouquets d'au moins neuf fleurs, dont quatre à cinq ouvertes simultanément. On peut citer chez les Floribundas :

Goldilocks 1948 Jackson et Perkins
fleur jaune clair - hauteur : 0,70 m.

Fashion 1950 Boerner
fleur rose saumoné et orange - hauteur : 0,70 m.

Vogue 1951 Boerner
fleur rose carmin et orange - hauteur : 0,75 m.

Flambée 1952 Mallerin
fleur rouge orangé - hauteur : 0,75 m.

Tonnerre 1952 Mallerin
fleur rouge sang - hauteur : 0,70 m.

Queen Elizabeth 1954 Lammerts
fleur rose - hauteur : 1,50 m et plus.

Java 1955 Mallerin
fleur rouge orangé - hauteur : 0,80 m.

Tantau's Triumph 1955 Tantau
fleur rouge orangé clair -
hauteur : 0,80 m.

Tabarin 1956 Gaujard
fleur cuivrée - hauteur : 0,90 m.

Sarabande 1957 Meilland
fleur orangé clair simple -
hauteur : 0,80 m.

Chorus 1975 Meilland
fleur rouge sang - hauteur : 0,80 m.

Orangina 1984 Orard
fleur orange - hauteur : 0,70 m.

New Year 1984 Sam Mac Gredy
fleur orange virant au rose -
hauteur : 0,75 m.

Pareo 1986 Meilland
fleur jaune abricot à lèvres roses -
hauteur : 1 m à 1,30 m.

Pareo.

LES ROSIERS POLYANTHAS

Les Rosiers polyanthas forment des buissons à bouquets de petites fleurs au sommet de chaque branche. Ils sont issus de croisements entre le Rosier multiflore (Rosa multiflora de la Chine) et les Rosiers Thé ou Hybrides de Thé. On peut citer parmi eux :

Joseph Guy 1921 Nonin
fleur rouge carmin - hauteur : 0,50 m.

Orange Triumph 1937 Kordès
fleur rouge orangé - hauteur : 0,50 m.

Alain 1946 Meilland
fleur rouge intense -
hauteur : 0,50 à 0,60 m.

Cocorico 1951 Meilland
fleur rouge géranium -
hauteur : 0,50 à 0,60 m.

Moulin Rouge 1952 Meilland
fleur rouge vermillon - hauteur : 0,50 m.

Concerto 1953 Meilland
fleur rouge géranium - hauteur : 0,50 m.

Porthos 1970 Laperrière
fleur rouge géranium - hauteur : 0,85 m.

Artiste 1986 Dorieux
églantine blanche ourlée d'écarlate vif -
hauteur : 0,50 m.

Joseph Guy.

Porthos.

LES ROSIERS MINIATURES

Les Rosiers miniatures sont des réductions fort naines de rosiers. Ils descendent pour la plupart du Rosier de Miss Lawrence (Rosa Rouletti), forme naine du Rosier de Bengale (Rosa semperflorens). Mais d'anciennes variétés étaient déjà naines. On peut citer :

Pompon de Saint-François 1735
forme naine à petite fleur rouge, violette ou blanche de Rosa gallica -
hauteur : 0,30 à 0,40 m.

Pompon de Paris 1839
fleur rose de bengale -
hauteur :0,30 à 0,40 m - très florifère

Rosa Rouletti 1912 Correvon
fleur rose carmin, forme naine du Rosier de Bengale - hauteur : 0,20 à 0,25 m.

Perle d'Alcanada 1944 Pedro Dot
fleur rose carmin, très remontant -
hauteur : 0,20 à 0,25 m.

Majorette.

Perle de Montserrat 1945 Pedro Dot
fleur rose de Bengale ourlée de blanc nacré - hauteur : 0,20 à 0,25 m.

Majorette 1986 Meilland
fleur rouge carmin à cœur et revers blanchâtres - hauteur : 0,60 m.

Baby Masquerade
fleur jaune bigarrée de rose et de rouge - hauteur : 0,40 m.

Starina
fleur bicolore, rouge orangé vif nuancé de jaune doré - hauteur : 0,35 cm.

Baby masquerade.

Starina.

LES ROSIERS ARBUSTES

Ces rosiers forment des buissons importants d'origines très diverses. Plusieurs sont des Rosiers botaniques, d'autres des améliorations dues à la sélection ou à l'hybridation. Citons parmi ceux à fleurs simples (type églantine) et ne fleurissant qu'une fois (non remontants, mais très résistants aux maladies) :

Capucine (Rosea lutea punicea) cité en 1596 par Gérard
fleurs larges de 4 à 5 cm, d'un jaune brun - hauteur : 1 m à 1,30 m.

Capucine bicolore (Rosea lutea punicea) cité en 1596 par Gérard
fleurs larges de 4 à 5 cm, d'un brun capucine, à revers jaune d'or -
hauteur : 1 m à 1,70 m.

Rosa hugonis
de la Chine, fleurs moyennes jaune doré - hauteur : 1,50 m à 2,40 m.

Rosa Moyesii
de la Chine, fleurs assez grandes rouge foncé nuancé de brun - hauteur : 3 m.

Rosa sericea pteracantha
de l'Himalaya, fleurs blanches à 4 pétales - hauteur : 1,50 m à 2 m.

Rosa lutea
du Proche-Orient, fleurs assez grandes jaune d'or - hauteur : 2 à 4 m.

Rosa rugosa rubra
du Japon, fleurs grandes d'un rouge violacé - hauteur : 1 à 2 m.

Cocktail
fleurs bicolores rouges à cœur blanc - hauteur : 2 m.

A fleurs doubles et remontants :

Rosa anemonaeflora hybride R. indica X.R. moschata 1850
de la Chine, fleurs assez petites, blanches, semi-doubles - hauteur : 1 à 2 m.

Blanc double de Coubert, issu de R. rugueux 1892 Cochet-Cochet
grandes fleurs blanc pur -
hauteur : 1 à 2 m.

Gruss an Teplitz, hybride de Bengale 1897 Geschwind - hauteur : 1 à 2 m.

Rose à parfum de l'Hay, hybride de rugueux Roseraie de l'Hay
fleurs grandes, rouge cerise, très odorantes - hauteur : 1 à 2 m.

Pink Grootendorst, hybride de Polyantha
1923 F.J. Grootendorst
petites fleurs rose vif dentelées ressemblant à des œillets - hauteur : 1,20 m.

Robin Hood, hybride de Rosa moschata fleurs en grappes roses ombrées de carmin - hauteur : 1 à 2 m.

Barbier Albéric *: pépiniériste français d'Orléans (1845-1931), obtenteur de variétés anciennes de rosiers grimpants non remontants, mais rustiques et parfumés, connus sous le nom de série des Barbier. Cette maison créa en 1900 le rosier grimpant Albéric Barbier, à fleurs odorantes blanc crème, et en 1921 le sarmenteux Albertine, à fleurs rose saumoné.*

Albertine.

LES ROSIERS GRIMPANTS

Il s'agit de plantes à longs rameaux sarmenteux, un peu comme la vigne, mais ne pouvant pas s'accrocher d'eux-mêmes. Il faut donc les palisser. Une certaine catégorie d'entre eux, les Rosiers Wichuraianas, sont à petites fleurs en bouquets et nous en parlerons à part. Ici, nous traitons surtout des variétés à grosses fleurs ou dérivées des Polyanthas, appelées aussi Climbing.

Comme pour les Rosiers buissons, nous distinguerons les variétés remontantes de celles qui ne le sont pas, ces dernières ne fleurissant qu'une fois dans l'année (en général aux mois de mai ou juin), mais donnant souvent une masse de fleurs à l'effet éblouissant.

ROSIERS GRIMPANTS NON REMONTANTS

Il s'agit souvent de variétés anciennes, rustiques et parfumées (série des Barbier). Il ne faut donc pas les délaisser. On peut citer :

Albéric Barbier 1900 Barbier
fleur assez grande, double, blanc-crème à cœur jaune, odorante - hauteur : 4,50 m.

Albertine 1921 Barbier
grande fleur bien double mais aplatie, rose saumoné, odorante - hauteur : 4,50 m.

Souvenir de Claudius Denoyel. Comtesse Vandal. Danse du feu. Madame Du Pont.

Souvenir de Claudius Denoyel.

Paul's Scarlet Climber
1916 W. Paul
assez grande fleur semi-double rouge écarlate
hauteur : 3 m.

Chaplin's Pink Climber
1929 Chaplin's Brothers
fleur moyenne semi-double, rose vif -
hauteur : 3 m.

Golden Climber
très grande fleur semi-double jaune vif -
hauteur : 3 à 4 m.

Golden Rambler très grande fleur, très double, jaune de chrome -
hauteur : 3 m.

ROSIERS GRIMPANTS REMONTANTS

Cette série comprend surtout des grosses fleurs, mais aussi des fleurs en bouquets du type polyanthas, issue des Rosiers nains à grosses fleurs ou polyanthas correspondants :

Zéphirine Drouhin 1868 Bizot
fleur rose frais -
hauteur : 2 à 3 m.

Caroline Testout.

Madame Caroline Testout
1901 Chauvry
fleur rose frais satiné -
hauteur : 3 à 3,30 m.

Souvenir de Claudius Denoyel
1920 Chambaud
fleur rouge cramoisi -
hauteur : 3 à 4 m.

Madame Edouard Herriot
1921 Ketten frères
fleur rouge corail -
hauteur : 3 à 4 m.

Mistress Herbert Stevens
1922 Pernet-Ducher
fleur blanche -
hauteur : 3 m.

Etoile de Hollande
1931 Leenders et Cie
fleur rouge écarlate -
hauteur : 3 à 3,30 m.

Madame Pierre S. du Pont
1933 Hillock
fleur jaune sur fond rose -
hauteur : 3 m.

Guinée 1937 Mallerin
fleur rouge foncé -
hauteur : 3 à 4 m.

Madame Henri Guillot 1941 Meilland
fleur orangée -
hauteur : 3 m.

Madame Meilland 1950 Meilland
fleur jaune à lèvres roses -
hauteur : 2,50 m.

Michèle Meilland 1951 Meilland
fleur rose nacré -
hauteur : 2,50 m.

Danse du feu 1952 Mallerin
fleur géranium orangé -
hauteur : 2,40 m.

Etendard 1956 Robichon
fleur rouge éclatant -
hauteur : 2 à 3 m.

Clair matin 1963 Meilland
fleur rose -
hauteur : 2 à 3 m.

Super Star 1967 Tantau
fleur mandarine -
hauteur : 3 m.

Madame Henri Guillot.

LES ROSIERS WICHURAIANAS ET MULTIFLORES

Dans le dernier quart du XIXe siècle, le docteur allemand Wichura découvrit en Chine un rosier sarmenteux à petites fleurs blanches et odorantes, groupées en panicules. Ramené en Europe, il fleurit pour la première fois en 1888 au jardin botanique de Bruxelles. Croisé avec des Bengale ou avec des Hybrides de Thé, il donna naissance à toute une série d'excellents rosiers sarmenteux, à longs rameaux naissant tous de la souche, à fleurs de petite taille groupées en bouquets. On peut citer parmi eux :

Paul Noël Barbier
fleur rose cuivré, bien double -
hauteur : 3 à 4 m.

Dorothy Perkins 1902 Perkins
fleur rose frais, double -
hauteur : 5,50 m.

White Dorothy Perkins
1908 Miss Willmott
fleur blanche double - hauteur : 5 m.

Excelsa 1910 Wahls
fleur rouge vif double - hauteur : 5 m.

Sander's White 1912 Sander et Sons
fleur blanc pur semi-double -
hauteur : 5 m.

New Dawn
1939 Somerset Rose Nursery
fleur rose tendre, remontant -
hauteur : 2 à 3 m.

D'autres sarmenteux furent obtenus à partir de Rosa multiflora, une espèce japonaise à fleurs blanches ou roses aux panicules très denses. Ce fut la race des Rosiers multiflores et hybrides de multiflore. Quelques variétés sont à citer :

Veilchenblau 1908 J.C.Schmidt
fleur lilas rougeâtre semi-double -
hauteur : 3 à 4 m.

American Pillar 1909 Conard et Jony
fleur rose à centre blanc simple -
hauteur : 4 à 6 m.

Schwering
fleur rouge cramoisi semi-double -
hauteur : 4 m.

Neige rose
fleur rose tendre -
hauteur : 3,5 m.

Neige Rose.

LES ROSIERS PLEUREURS

Un rosier pleureur s'obtient en greffant au sommet d'une haute tige d'Eglantier les différentes variétés sarmenteuses, principalement de la série de Wichuraiana, de celle des Multiflores, ou des hybrides des Polyanthas grimpants. Toutes les variétés que nous avons citées précédemment pour les Wichus ou les Multiflores conviennent. On peut y ajouter, parmi les Polyanthas, Climbing Orange Triumph et Climbing Goldilocks qui est remontant de même que New Dawn. Les autres Wichus cités ne sont pas remontants, non plus qu'Albéric Barbier qui convient aussi pour les pleureurs.

LES ROSIERS-TIGES

Les Rosiers-tiges ne sont autres que des Rosiers nains à grosses, moyennes ou petites fleurs greffées sur des tiges hautes ou demi-hautes d'Eglantiers.

Rosier grimpant Madame Herriot.

LE PARFUM DES ROSES

Chez bien des personnes, l'idée de parfum est inséparable de la fleur du rosier. Et beaucoup souhaitent acquérir ces plantes en vue de cette jouissance.

Cette notion primesautière est cependant à réviser. On dit en général que les roses anciennes sont dotées de parfum et que les productions modernes en sont dépourvues. En fait il existe bien des roses récentes à parfum et des variétés anciennes qui n'en sont guère favorisées. Il faut donc préciser cette notion et savoir à quoi s'en tenir.

On peut partager les rosiers odorants en deux catégories, ceux dont les fleurs dégagent le parfum, et ceux dont c'est le feuillage ou d'autres organes qui sont chargés de l'essence. Il faut aussi savoir qu'un parfum peut être plus ou moins fort ou plus ou moins agréable. Les odeurs deviennent imperceptibles par temps pluvieux et froid. Si le ciel est beau, c'est le matin, quand la rosée est essuyée, et que le soleil n'a pas encore évaporé l'essence, que celle-ci est le plus perceptible. Rappelons qu'à Grasse, on cueillait les fleurs des Centfeuilles et du Rosier de mai (hybride horticole du Rosier de Provins et du Rosier Centfeuilles), dans les années d'avant-guerre ou dans celles qui l'ont suivie, assez tôt le matin quand l'essence n'était pas encore retirée par l'échauffement du soleil. La Rose de Damas, qui est une sorte de Centfeuilles, est sans doute la plus capiteuse des roses. Mais en froissant les feuilles de certains rosiers, vous serez surpris de leur senteur prononcée. Nous allons examiner successivement les fleurs et le feuillage.

LES ROSIERS A FLEURS PARFUMEES

Toutes les roses ne sont pas odorantes. Mais beaucoup le sont pour satisfaire un choix très large. On peut trouver

Rose à parfum de l'Hay.

des fleurs parfumées dans toutes les grandes catégories de rosiers, celles des espèces botaniques, des Hybrides de Thé (Rosiers nains à grosses fleurs), des Floribundas et des Polyanthas ou des Wichuras. En voici un bref échantillonnage.

ROSIERS BOTANIQUES OU ANCIENS

Rosa Calocarpa 1895 Bruant
fleur simple rose pur -
hauteur : 1 à 1,20 m.

Georges Cain Rugueux
fleur semi-double rouge velouté -
hauteur : 1 à 1,20 m.

Rosa rugosa rubra Rugueux
fleur simple rouge violacé -
hauteur : 0,80 à 1 m.

Rose à parfum de l'Hay
1904 Hybride de Rugueux
fleur pleine rouge cerise -
hauteur : 1 à 1,20 m.

Roseraie de l'Hay
1901 Cochet-Cochet
fleur semi-double rouge violacé -
hauteur : 1 à 1,20 m.

Gruss an Teplitz
fleur rouge écarlate -
hauteur : 1 à 1,20 m.

Rosier Centfeuilles Bullata
fleur pleine rose saturé -
hauteur : 1 à 1,20 m.

Rosier Centfeuilles Chapeau de Napoléon
fleur pleine rose soutenu -
hauteur : 1 à 1,20 m.

Rosier Centfeuilles de Meaux
(Pompon rose)
fleur rose en pompon -
hauteur : 1 à 1,20 m.

Rosier Centfeuilles Fantin-Latour
fleur double rose pâle -
hauteur : 1 à 1,20 m.

Mais des Rosiers botaniques ou anciens comme Rosa hugonis, Rosa Moyesii, Rosa sericea pteracantha, Pink Grootendorst à fleurs d'œillet sont dépourvus de parfum. D'autres comme Capucine et Capucine bicolore ont une odeur particulière qui n'est pas positivement exquise.

ROSIERS HYBRIDES DE THE (buissons à grosses fleurs)

Alec's Red 1973 Cocker
fleur rouge cerise, très parfumée -
hauteur : 1 m.

Alexander 1975 Harkness
fleur vermillon orangé, parfum délicieux -
hauteur : 1,50 m.

André Le Troquer 1946 Mallerin
fleur orange ocré, très parfumée -
hauteur : 1 m.

Arian 1968 Meilland
fleur rose carminé, très parfumée -
hauteur : 1 m.

Arles 1949 Gaujard
fleur rose saumoné, très parfumée -
hauteur : 0,80 m.

Baronne Edmond de Rotschild
1968 Meilland
fleur rouge géranium à revers argenté, parfum délicieux -
hauteur : 0,80 m.

Chrysler Impérial.

Charles Mallerin 1947 Meilland
fleur rouge très sombre, parfum très pénétrant -
hauteur : 0,65 m.

Christian Dior 1958 Meilland
fleur rouge cramoisi, odorante -
hauteur : 0,80 m.

Chrysler Impérial 1953 Lammerts
fleur rouge cramoisi, très parfumée -
hauteur : 0,80 m.

Comtesse Vandal
1932 Leenders et Cie
fleur jaune et rose saumoné, très parfumée -
hauteur : 0,80 m.

Confidence 1951 Meilland
fleur rose tendre, très parfumée -
hauteur : 0,80 m.

Congo 1943 Mallerin
fleur rouge très sombre, très parfumée -
hauteur : 1 m.

Crimson Glory 1935 W. Kordès Sohne
fleur rouge sombre, parfum délicieux -
hauteur : 0,50 m.

Double Delight
1977 Swim et Armstrong
fleur jaune crème ourlée de rose, parfum délicieux -
hauteur : 0,80 m.

Dyna 1954 Robichon
fleur rouge cramoisi, très odorante -
hauteur : 0,80 m.

Eden Rose 1950 Meilland
fleur rose cyclamen, très parfumée -
hauteur : 0,80 m.

Ena Harkness 1946 Harkness
rouge écarlate, très parfumée -
hauteur : 1 m.

Ernest Henri Morse 1964 Kordès
fleur rouge foncé, parfumée -
hauteur : 1 m.

Etoile de Hollande
1919 H.A. Verschuren et Zonen
fleur rouge foncé, très parfumée -
hauteur : 0,80 m.

Grâce de Monaco 1956 Meilland
fleur rose saumon, parfumée -
hauteur : 1 à 1,30 m.

Jardins de Bagatelle 1986 Meilland
fleur blanc crème ombré de rose, très parfumée -
hauteur : 0,80 m.

Joséphine Bruce 1949 Bees
fleur rouge sombre, très parfumée -
hauteur : 0,60 m.

Karl Herbst 1950 Kordès
fleur rouge, parfumée -
hauteur : 0,75 m.

La Passionata
fleur rouge, parfum très capiteux -
hauteur : 0,80 m.

Madame Joseph Perraud
1934 Gaujard
fleur jaune ocre, parfumée -
hauteur : 0,80 m.

Etoile de Hollande.

Madame A. Meilland.

Michel Hidalgo.

Madame Laperrière 1951 Laperrière
fleur rouge cramoisi, richement parfumée - hauteur : 0,80 m.

Madame A. Meilland 1942 Meilland
fleur jaune à bord carmin, parfum subtil - hauteur : 1,20 m.

Magnificence 1953 Gaujard
fleur rose satiné à revers jeune, parfumée - hauteur : 0,90 m.

Michèle Meilland 1945 Meilland
fleur rose clair, parfum léger - hauteur : 0,85 m.

Michel Hidalgo 1980 Meilland
fleur rouge groseille, très parfumée - hauteur : 1 m.

Monique 1949 Paolino
fleur rose dégradé, très parfumée - hauteur : 0,80 m.

Nil bleu
fleur mauve, délicieusement parfumée - hauteur : 0,90 m.

Papa Meilland 1963 Meilland
fleur rouge cramoisi, très parfumée - hauteur : 0,80 m.

Pontbriand 1948 Gaujard
fleur blanc et rose saumoné, très parfumée -
hauteur : 0,90 m.

Princesse de Monaco 1982 Meilland
fleur blanc crème bordé de rose, parfumée -
hauteur : 1 à 1,30 m.

Radar 1953 Meilland
fleur rouge géranium, très parfumée - hauteur : 0,70 m.

Rendez-vous 1953 Meilland
fleur rose, très parfumée - hauteur : 0,90 m.

Sissi 1964 Tantau
fleur mauve pâle, parfum suave - hauteur : 0,80 m.

Super Star 1960 Tantau
fleur couleur mandarine, parfum exquis - hauteur : 0,80 m.

Sutter's Gold 1950 Swim et Armstrong
fleur jaune et orange, parfum délicieux - hauteur : 0,80 m.

Troïka 1971 Poulsen
fleur orangé abricot, parfum agréable - hauteur : 1 m.

Victor Hugo 1985 Meilland
fleur rouge groseille, très parfumée - hauteur : 1 à 1,40 m.

Youki San 1965 Meilland
fleur blanche, très odorante - hauteur : 0,65 m.

Papa Meilland.

Princesse de Monaco.

Sissi.

Youki San.

Kalinka.

ROSIERS FLORIBUNDAS ET POLYANTHAS

Arnaud Delbard Delbard
fleur saumon, curieuse odeur de miel -
hauteur : 0,80 m.

Bébé Lune Delbard
fleur jaune, parfum agréable -
hauteur : 0,80 m.

Fée des Neiges 1958 Kordès
fleur blanc lumineux, parfumée -
hauteur : 0,80 m.

Golden Delight 1956 Legrice
fleur jaune pur, odorante -
hauteur : 0,60 m.

Guitare 1963 Gaujard
fleur jaune foncé, parfum délicat -
hauteur : 0,80 m.

Kalinka 1970 Meilland
fleur rose tendre, parfumée -
hauteur : 0,85 m.

Matangi 1974 Mac Grédy
fleur blanc panaché de corail, parfum léger -
hauteur : 1,10 m.

Nuage parfumé 1953 Tantau
fleur rouge, très parfumée -
hauteur : 0,80 m.

Orange sensation 1961 De Ruiter
fleur orangée, parfumée -
hauteur : 0,75 m.

Queen Elizabeth 1954 Lammerts
fleur rose frais, parfum léger -
hauteur : 1,50 m et plus.

Rob Roy 1970 Cocker
fleur rouge cramoisi, parfumée -
hauteur : 1 m.

Shoking Blue 1974 Kordès
fleur mauve, parfum exquis -
hauteur : 0,80 m.

ROSIERS WICHURAS ET DERIVES

Albéric Barbier
fleur blanc crème, odorante -
hauteur : 4,50 m.

Albertine
fleur rose saumon, très odorante -
hauteur : 4,50 m.

Alexandre Girault
fleur carmin brillant, odorante -
hauteur : 4,50 m.

Neige rose
fleur rose nacré, légèrement parfumée -
hauteur : 3,50 m.

LES ROSIERS A FEUILLAGE PARFUME

Certains rosiers, surtout dérivés d'espèces botaniques, possèdent un feuillage odorant dû à des glandes situées sous les feuilles : leur senteur épicée se répand surtout par temps humide ou lorsque les soirées sont très douces.

Le Rosier sauvage qui a donné des hybrides particulièrement odorants est Rosa eglanteria, l'églantier odorant aux fleurs simples roses. Croisé avec Rosa foetida (Rosier jaune de Perse), il a donné naissance au Rosier grimpant Lady Penzance à fleurs jaune cuivré, d'où est issue toute une série de variétés odorantes. On les doit surtout au promoteur anglais Lord Penzance, qui les créa dans les années 1894-95. Citons parmi elles :

Ami Robsart
fleur semi-double rose clair et rose foncé -
hauteur : 3 m.

Anne de Geierstein
fleur simple pourpre -
hauteur : 1,50 m.

Flora Melvor
petite fleur simple blanc rosé, parfumée comme le feuillage -
hauteur : 3 m.

Lady Penzance
fleur simple rose saumon cuivré -
hauteur : 2 m.

Lord Penzance
fleur simple jaune rosé tendre -
hauteur : 1,50 m à 3 m.

Lucy Bertram
fleur rouge cerise
hauteur : 1,50 m à 2 m.

GLOSSAIRE

Arceau : élément de jardin en matière métallique formant une arcade au-dessus d'une allée. Ce genre d'installation permet la plantation et la présentation avantageuse de rosiers grimpants.

Calcaire : roche naturelle formée de carbonate de chaux. Dans les régions formées surtout de cette roche, le sol manifeste une réaction plus ou moins alcaline qui, si elle est trop forte, peut nuire aux rosiers en provoquant leur jaunissement (chlorose ferrique). On peut corriger ce défaut par une application de chélate de fer ou du terreau acide à base de terre de bruyère ou de sapinette.

Chaulage : action d'incorporer au sol de la chaux. Le chaulage peut s'avérer utile, et même nécessaire dans les sols tourbeux, trop acides pour les besoins des rosiers. On répand dans ce cas de la chaux éteinte en poudre à raison de 60 grammes pour 1 mètre carré.

Chlorose : perte de la chlorophylle chez les végétaux, qui se traduit en particulier par le jaunissement des feuilles. Ce dépérissement peut être dû à un excès de chaux dans le sol, surtout en régions calcaires (voir au mot calcaire).

Climbing : mot anglais désignant les rosiers grimpants.

Collet : emplacement de la plante d'où s'élève la tige et d'où part la racine.

Colonne : élément de jardin, souvent traité en pierre, et destiné à supporter une pergola. Les colonnes maçonnées ont l'avantage d'un matériau résistant aux intempéries, ne demandant guère d'entretien. Elles sont donc avantageuses pour l'accueil des rosiers grimpants, qui peuvent s'y apliquer durant de longues années.

Compacité : caractère d'un sol trop lourd et peu aéré, souvent le fait des sols argileux et limoneux, dont la texture très fine empêche l'air et l'eau d'y circuler à l'aise. Ces sols ne sont pas favorables aux rosiers. Ils sont froids et collants en hiver. L'humus s'y forme très mal, par manque d'oxygénation. En été, ils se dessèchent très vite, et se craquèlent. Incorporer des éléments allégeants, tels que tourbe, sable, compost ou fumier pailleux.

Compost : terreau résultant de la fermentation et de l'humification de toutes sortes de déchets organiques mis au pourrissoir : il est bon d'alterner dans ce but les couches trop fines et compactes (tonte de gazon) avec des matières plus aérées (feuilles mortes, désherbage). Maintenir au frais mais non exposé aux pluies.

Empattement : base plus ou moins élargie d'un rameau secondaire sur le rameau principal. La taille éventuelle ou élagage du rameau secondaire doit se faire le plus près possible de cet empattement, pour éviter la persistance d'un chicot ne servant à rien.

Etamine : organe mâle d'une fleur, comprenant ordinairement un filet porteur de l'anthère. Chez les rosiers, les étamines sont nombreuses et forment une couronne autour des pistils émergeant du centre de la fleur. Pour la fécondation croisée opérée artificiellement, on coupe les étamines à l'aide de ciseaux et on les recueille dans une soucoupe pour reporter leur pollen sur une autre fleur.

Feston : dans une roseraie, motif ornemental consistant à tendre les branches des rosiers d'un pylone à l'autre à l'aide d'une chaîne. Cette chaîne, de nos jours, peut être en matière plastique. Une suite de festons entre une série de pylones est d'un effet certain dans une roseraie ou sur les côtés d'une grande allée de jardin. On peut d'ailleurs planter des rosiers sous le milieu abaissé des chaînes, et faire partir leurs sarments de part et d'autre de la suspension. Les rosiers Wichuraianas sont tout indiqués pour un tel emploi.

Glandes : cellules sécrétrices, renfermant une huile essentielle odorante, que possèdent certains rosiers. Le parfum des fleurs est produit par des glandes situées principalement vers le bas du pétale ou onglet. Mais le feuillage ou des poils peuvent également être odorants : chez l'Eglantier à feuilles odorantes (Rosa eglanteria), le parfum est produit par des glandes situées sous les feuilles ; chez les Roses mousseuses, ce sont les poils des tiges qui exhalent un arôme puissant.

Guirlande : synonyme de feston. Voir ce mot.

Hybridation : action de féconder deux plantes différentes, assez proches par leurs caractères pour admettre l'opération. Elle consiste en général à déposer le pollen de l'un des parents sur le pistil de l'autre. Pour éviter tout apport secondaire de pollen, il faut protéger le pistil fécondé en l'encapuchonnant sous un cornet de papier. Le semis opéré avec les graines fécondées peut produire de nouvelles variétés de roses. Si le procédé paraît simple, le résultat n'est pas toujours évident. On peut considérer que les rosiéristes arrivent à obtenir une variété valable sur cent mille semis. Beaucoup de roses modernes se sont montrées décevantes par manque de sélection sévère sur les semis d'hybrides.

Jauge : tranchée ouverte dans la terre. Mettre une plante en jauge, c'est la disposer provisoirement dans une tranchée qu'on referme sans l'intention de l'y laisser définitivement.

Humus : produit organique constituant le terreau, obtenu par la décomposition des cellules végétales (feuilles mortes en forêt, compost au jardin, etc.), de couleur ordinairement noirâtre et d'une grande richesse en carbone et matières nutritives pour les plantes.

Mycélium : partie purement végétative des champignons, consistant en filaments s'infiltrant dans l'humus du sol (saprophytes) ou dans les cellules végétales vivantes (parasites) pour puiser la sève et la nourriture. Dans la lutte anticryptogamique, le mycélium infiltré dans les cellules est atteint par les produits systémiques fongicides.

Ovaire : partie inférieure du pistil, en général renflée, qui contient les ovules. C'est l'ovaire qui donne le fruit, tandis que les ovules forment les graines.

Palisser : opération qui consiste à fixer, sur un mur, un tuteur, un barreau, un fil de fer, un treillis, etc., les branches d'une plante pour faire prendre à l'ensemble une forme équilibrée en vue de la production florale ou fruitière. Le palissage est nécessaire chez les rosiers grimpants et les rosiers-tiges, dont il assure la tenue et la répartition des branches.

Penzance : entre 1894 et 1895, Lord Penzance a été le promoteur, en Angleterre, d'une série d'hybrides de rosiers à feuillage odorant issu de l'Eglantier sauvage Rosa eglanteria. Leur végétation est plus vigoureuse et leurs fleurs, quoique simples, ont de plus belles couleurs. Parmi eux, le rosier "Lord Penzance" est l'un des plus reommandables : haut de 1,50 m à 3 m, il produit des fleurs simples jaune rosé tendre ; son feuillage est fortement parfumé.

Pernet : Jean Pernet, rosiériste lyonnais (1832-1896), puis Joseph Pernet, qui lui succéda. Jean est l'obtenteur de rosiers divers, dont "Baronne de Rotschild" créé en 1868 (fleurs roses). Joseph obtint, vers 1900, les premiers rosiers de la série Pernetiana, en hybridant les rosiers Galliques avec les rosiers Thé et le Rosier jaune (Rosa lutea). Il obtint ainsi des fleurs bicolores, d'un rouge feu sur l'avers, d'un jaune d'or sur le revers. Il créa, en 1890, "Madame Caroline Testout" (fleurs roses globuleuses) et en 1919 la variété "Madame Edouard Herriot" (rouge corail nuancé de jaune à la base des pétales) en croisant "Madame Caroline Testout" avec une Pernet inédite. De nos jours, Jean Gaujard a succédé aux Etablissements Pernet-Duche, fondés à Lyon en 1845 par Claude Ducher.

Pistil : organe femelle des fleurs, composé de l'ovaire, partie arrondie qui renferme les ovules et qui supporte le style ; ce dernier est terminé par le stigmate, seule partie réceptive pour le pollen qu'on dépose dessus à l'aide d'un pinceau dans l'hybridation artificielle.

Plâtre : en horticulture, le plâtre, obtenu par la cuisson modérée du gypse, sert d'amendement pour les sols argileux lourds et peu aérés. On le répand à raison de 1,5 kg. par mètre carré. Dans le cas des rosiers, il est préférable au chaulage qui renforce l'alcalinité et se révèle nocif pour certaines catégories de rosiers.

Pollen : poussière fécondante, souvent jaune, renfermée dans les anthères des étamines. Chaque grain, en germant sur le stigmate, donne les gamètes mâles ou anthérozoïdes.

Porosité : qualité d'un sol qui se laisse traverser par l'air et les liquides. Une bonne terre pour rosiers doit être poreuse pour permettre à la fois d'être suffisamment aérée et d'accueillir l'eau et les engrais nécessaires aux racines. Pour améliorer la porosité, il convient d'incorporer au sol des éléments sableux ou du fumier de paille, ou du terreau grossier et de la terre de bruyère. Les terres limoneuses et argileuses relèvent de ce traitement.

Potence : élément de roseraie formé d'une poutre verticale portant une courte poutre transversale à son sommet, destinée à supporter les branches d'un rosier grimpant. On peut employer les potences en alignement ; leur effet est certain pour présenter une série de beaux rosiers grimpants.

Praliner : opération consistant à enrober les racines des rosiers, avant leur plantation, d'un mélange liquide et boueux de terre franche et de bouse de vache diluées dans de l'eau. Le pralinage favorise le développement des radicelles et la reprise des plantes.

Pylone : élément de roseraie formé d'un bâti métallique à allure de colonne, pouvant suporter les branches d'un rosier grimpant. Un pylone isolé sur une pelouse, ou mieux un alignement de pylones peuvent produire beaucoup d'effet dans un jardin.

Remontant : qualité des rosiers refleurissant durant l'été et l'automne à la suite de leur première floraison de juin.

Rosier moussu : c'est une des roses les plus curieuses. Son pédoncule et les sépales sont couverts d'une pilosité verte ou brune très odorante, semblable à de la mousse. Cette forme de Rosier cent-feuilles fut introduite en France seulement vers la fin du XVIIIe siècle (par Madame de Genlis). Elle fut très à la mode au XIXe siècle, puis céda devant les vagues successives des rosiers hybides de Thé. Elle peut former des haies parfumées au charme romantique.

Sable : matériau minéral servant à l'amendement des sols. Il est surtout constitué de grains de silice (mais parfois de calcaire, moins appréciable), dont les diamètres n'excèdent pas 2 millimètres. Ces grains n'adhérant pas entre eux procurent au sol une texture légère, poreuse et très perméable. On utilise le sable pour l'amendement des sols argileux et compacts. Par contre, les sols sablonneux naturels doivent eux-mêmes être corrigés par un apport d'humus ou de fumier, car ils sont trop pauvres et sujets au dessèchement.

Sapinette : terreau résultant de la décomposition des aiguilles des résineux forestiers (Pin, Epicéa, Sapin, Cèdre, etc.). C'est un produit léger, humifère et surtout très acide, qui peut donc servir pour les rosiers à porte-greffe acidophile (voir au mot porte-greffe).

Sous-solage : opération consistant à ameublir le sous-sol. Habituellement elle se fait à l'aide de socs de sous-soleuse attelée à un tracteur. Mais, sur une petite surface, on peut procéder à la bêche en bêchant en profondeur à deux fers de bêche, et en veillant à ne pas amener en surface les matériaux du sous-sol qui sont en principe stériles et peu aptes à recevoir une plantation. Le sous-solage améliore considérablement le drainge d'une terre humide.

Terre de bruyère : terre horticole obtenue dans les milieux de landes à bruyères composée de l'humus et des racines de ces plantes, d'une nature acide convenant aux porte-greffe acidophiles tels que ceux de Rosa polyantha et Rosa multiflora.

Terre franche : terre commune des champs argilo-calcaires, favorable aux rosiers surtout greffés sur Rosa canina.

Texture : disposition et dimensions relatives des éléments d'un sol.

Tourbe : substrat horticole retiré des tourbières et produit par la décomposition de mousses des genres Sphagnum. Ce substrat de nature acide (plus ou moins 5 ou 6), de teinte noire ou brune suivant l'avancement de la décomposition, sert de milieu de culture pour les arbres et arbustes exigeant un milieu acide.

INDEX

Les chiffres en caractères gras correspondent à la page où les plantes sont décrites, les chiffres en caractères normaux à la page où les plantes sont citées.

TABLE DES MATIERES

Crédit photographique :

Photos R. FRITSCH, sauf :
p. 2, 6, 23, 42, 45, 53, 55 bas, 81, 87 bas : S.A.E.P./J.L. Syren ; p. 34, 55 haut, 69 haut : P. Fischer ; p. 32, 59, 83 : J.L. Syren ; p. 19, 21 : A. Loviton ; p. 79 : P. Nessmann.

Dessins : Robert FRITSCH.

Dépôt légal 4e trimestre 1987
n° 1 479

ISBN 2-7372-3301-1

Imprimé en C.E.E.